会社別就活ハンドブックシリーズ

2025

本田技研工業の就活ハンドブック

就職活動研究会 編
JOB HUNTING BOOK

は じ め に

　2021年春の採用から，1953年以来続いてきた，経団連（日本経済団体連合会）の加盟企業を中心にした「就活に関するさまざまな規定事項」の規定が，事実上廃止されました。それまで卒業・修了年度に入る直前の3月以降になり，面接などの選考は6月であったものが，学生と企業の双方が活動を本格化させる時期が大幅にはやまることになりました。この動きは2022年春そして2023年春へと続いております。

　また新型コロナウイルス感染者の増加を受け，新卒採用の活動に対してオンラインによる説明会や選考を導入した企業が急速に増加しました。採用環境が大きく変化したことにより，どのような場面でも対応できる柔軟性，また非接触による仕事の増加により，傾聴力というものが新たに求められるようになりました。

　『会社別就職ハンドブックシリーズ』は，いわゆる「就活生向け人気企業ランキング」を中心に，当社が独自にセレクトした上場している一流・優良企業の就活対策本です。面接で聞かれた質問にはじまり，業界の最新情報，さらには上場企業の株主向け公開情報である有価証券報告書の分析など，企業の多角的な判断・研究材料をふんだんに盛り込みました。加えて，地方の優良といわれている企業もラインナップしています。

　思い込みや憧れだけをもってやみくもに受けるのではなく，必要な情報を収集し，冷静に対象企業を分析し，エントリーシート作成やそれに続く面接試験に臨んでいただければと思います。本書が，その一助となれば幸いです。

　この本を手に取られた方が，志望企業の内定を得て，輝かしい社会人生活のスタートを切っていただけるよう，心より祈念いたします。

就職活動研究会

Contents

第1章

本田技研工業の会社概況

会社によって選考方法は千差万別。面接で問われる内容や採用スケジュールもバラバラだ。採用試験ひとつとってみても，その会社の社風が表れていると言っていいだろう。ここでは募集要項や面接内容について過去の事例を収録している。

また，志望する会社を数字の面からも多角的に研究することを心がけたい。

✔ 企業理念

Honda フィロソフィーは、「人間尊重」「三つの喜び」から成る"基本理念"と、"社是""運営方針"で構成されています。

Honda フィロソフィーは，Honda グループで働く従業員一人ひとりの価値観として共有されているだけでなく，

行動や判断の基準となっており，まさに企業活動の基礎を成すものといえます。Honda は「夢」を原動力とし，

この価値観をベースにすべての企業活動を通じて，世界中のお客様や社会と喜びと感動を分かちあうことで，

「存在を期待される企業」をめざして，チャレンジを続けていきます。

■基本理念

人間尊重

自立
自立とは，既成概念にとらわれず自由に発想し，自らの信念にもとづき主体性を持って行動し，その結果について責任を持つことです。

平等
平等とは，お互いに個人の違いを認めあい尊重することです。また，意欲のある人には個人の属性（国籍，性別，学歴など）にかかわりなく，等しく機会が与えられることでもあります。

信頼
信頼とは，一人ひとりがお互いを認めあい，足らざるところを補いあい，誠意を尽くして自らの役割を果たすことから生まれます。Honda は，ともに働く一人ひとりが常にお互いを信頼しあえる関係でありたいと考えます。

三つの喜び

買う喜び
Honda の商品やサービスを通じて，お客様の満足にとどまらない，共鳴や感動を覚えていただくことです。

売る喜び
価値ある商品と心のこもった応対・サービスで得られたお客様との信頼関係により，販売やサービスに携わる人が，誇りと喜びを持つことができるということです。

創る喜び
お客様や販売店様に喜んでいただくために，その期待を上回る価値の高い商品やサービスをつくり出すことです。

✔ 会社データ

本社	〒107-8556 東京都港区南青山2-1-1 TEL. 03-3423-1111（代表）
設立	1948年（昭和23年）9月
代表者	取締役 代表執行役社長　三部敏宏
主要製品	二輪車，四輪車，パワープロダクツ
資本金	860億円
従業員数	連結　197,039名　　単独33,065名
Honda グループ会社	国内外406社の関係会社 連結子会社：313社＋持分法適用会社：69社＝382社
2022年度 連結業績	売上収益：16兆9,077億円 営業利益：7,807億円

✔ 仕事内容

営業

国内営業

二輪（※）・四輪・ライフクリエーションそれぞれの分野で、製品の「市場開拓」「商品企画」「販売施策の立案・実行」「販売会社の経営・人材育成の支援」などを担っています。国内営業は、日本のお客様の最も近くにいる職種です。新製品開発にあたっても、そんな立場だからこそ分かる生の声や、お客様目線で見つけ出した市場ニーズを研究開発部門・生産部門へフィードバックすることで、世の中の期待を超える製品を創りだす原動力となっています。製品を届けるだけでなく、生みだすところから関わることのできる、裾野が広い仕事です。（※）二輪の国内営業活動は主に子会社である㈱ホンダモーターサイクルジャパン（HMJ）が担っており、Honda は HMJ に対する商品販売機能や生産関連の窓口機能をもっています。

海外営業

創業間もない頃からグローバルに事業を展開し、いまや連結総売上高に占める海外比率は 80％に達する Honda。ビジネスの舞台は、北米、南米、欧州、アフリカ・中近東、アジア・大洋州、中国など全世界に及び、海外営業はそれぞれの地域や市場の特性を踏まえ、最適な営業戦略を立案・展開しています。担当する地域と深く関わり、販売戦略の立案や販売網の構築・強化、マーケティング活動、そして製品・部品の輸出など多岐にわたる業務を推進しています。Honda 製品を通じて、世界中のお客様に喜びを伝えたい。そんな想いが海外営業の原動力です。

カスタマーサービス

お客様の満足につながるすべての領域に関わるのが、カスタマーサービスです。1 台目はセールスが売り、2 台目はサービスが売る。お客様に製品を直接販売するのではなく、購入後、満足のいくサービス経験を通じて、顧客満足度の向上を目指します。そのための全社的な戦略の企画にはじまり、お客様との接点となる国内外の販売店・代理店に向けて、より質の高いサービス体制の構築を支援、あるいは IT などを駆使した先進的なサービス技術を開発導入するなど、幅広い業務を担当しています。さらに、現場で得たお客様の声をフィードバッ

クして新製品開発にも関与していきます。国内のみならず、海外現地法人に駐在して世界各国でサービス企画を担う機会もあります。

生産

生産技術（生産設備）研究開発

「ものをつくる」ために求められる、あらゆる生産技術の研究開発を行っています。未来へ向けて、より競争力の高い製品を効率的に生み出すための生産体制を追究し、新製法の開発や量産方法の検討、そしてそれを具現化する生産ラインの企画設計や、生産装置・システム・金型の設計製造までを担い、一貫して新たなものづくりを実現していきます。最先端のテーマにも果敢に挑み、ハイブリッドカー用モーターや燃料電池用スタックの革新的な製法の確立や、設備自動化のためのロボティクス技術開発など、Honda ならではの研究開発を繰り広げています。

製造技術・製品品質

製品が実際に作り出されている各工場において、より高品質で高効率な生産を行うための技術的な取り組みを行っています。生産された部品や完成品の品質維持を担う「製品品質」、設備の稼働率を高めて製造コストを低減する「量産技術」などが具体的な業務です。海外現地法人に向けて、国内で確立した技術や技能を発信していく役割も担っています。また、人に優しく、環境負荷ゼロの工場を目指す「グリーンファクトリー計画」も推進しています。先進技術の創造と具現化で Honda の製品を創り上げ、全世界に送り出す仕事です。

生産システム

世界中のお客様に満足いただくために、質の高い製品をタイミングよくお届けできる仕組みを追求し、新たな方式を創り出していくことがミッションです。Honda が掲げる生産方針は、常に市場の動きと連動し、「必要なものを・必要なだけ・必要なときに」つくり出す体制をとること。そのために市場を分析して最適な生産台数を設定する「生販計画」や、その計画に基づいて工場の生産能力などを考慮しながら日々最適な生産計画を立てる「生産管理」などを行います。

物流

物流は、Honda の事業全体を支える不可欠な機能です。部品を調達し、製品を生産し、世界中のお客様に提供するまで、あらゆる工程で物流が発生し、そ

れをトータルで最適化していくことが Honda の競争力向上、ひいてはお客様の利益につながります。国内外の工場で生産された製品を、タイムリーで低コスト、かつ安全にお客様のもとにお届けする体制を築いていくことはもちろん、海外現地法人に向けて必要とされる部品を迅速に供給するグローバルな仕組みの構築など、スケールの大きなテーマに日々取り組んでいます。

認証法規

Honda 製品を世界のお客様に使って頂くためには、販売する国が定めた環境保全・安全確保などに関する法規要件を満たし、かつその国の行政当局より販売の認可を得なければなりません。当部門は、各国の法規を調査・周知し、法規要件を満たしていることを検証し、行政当局から認可を取得すると共に、社内外関係部門と連携しながら、製品の適法性保証を推進する役割を担っています。製品を市場に投入できるか否かのきわめて重要な判断を担っており、絶えず世界各国と密にコミュニケーションをとりながら業務を進めています。

品質技術解析

Honda 製品の開発段階から量産、そして市場で販売されるまでの一連の流れにおいて、品質向上のためのさまざまな活動を行っています。たとえば、製品に不具合が発生した場合、サービス部門から寄せられる情報をもとに部品を解析し原因を究明。原因が判明すれば、開発部門や工場、さらに販売店などのお取引先と連携して対策を推進し、市場における不具合を解消していきます。原因究明にあたっては、高度なシミュレーターや特殊な試験機などを用いて精緻な検証と解析を行い、不具合の要因を根本から明らかにし改善を図っていきます。

研究開発

二輪研究開発

世界中で大きな支持を集める Honda の二輪車。その完成車の魅力を大きく左右するエンジンをはじめ、快適で安全な走行を支えるフレームやハンドルなどの車体、ブレーキシステムなどの足廻り、さらには安全性能や環境性能を一層向上させる電装・制御系など、二輪車を構成するあらゆる要素の研究開発に取り組みます。世界初の DCT（デュアル・クラッチ・トランスミッション）などの革新的なシステムも次々と生み出しており、Honda ならではの独創のテクノロジーで二輪車の未来をリードしていきます。

四輪研究開発

世界最高の魅力ある四輪車を創り出すために、あらゆる領域の研究開発に挑みます。燃費と走りを高い次元で両立するエンジン、エンジンのパワーを的確に路面に伝えるトランスミッションやディファレンシャルなどの駆動系、動力エネルギーを高効率にマネジメントして走行性能を向上させる車体やシャーシ、いまや自動車に不可欠な電装・電子制御システム、さらにハイブリッドシステムや燃料電池システム等の次世代電動パワートレインなど、テーマはきわめて多彩。さらには未来に向けて自動運転・知能化の研究開発にも果敢に取り組んでいます。

ライフクリエーション研究開発

発電機・耕うん機・芝刈機・除雪機、それらの心臓部となる汎用エンジン、そして船外機や家庭用ガスエンジンコージェネレーションユニットなど、人々の豊かな暮らしに貢献するライフクリエーションの研究開発を担います。品質、操作性、経済性はもちろん、環境性能においても常に業界トップレベルを追求。最近では、電気自動車に電力を供給し、非常用電源としても使用できる可搬型外部給電機や、自動運転による家庭用芝刈機、さらには AI を備えた大型除雪機など、時代の一歩先を進む製品を生み出しており、今後も新たな研究開発テーマが続々と控えています。

航空機・航空機エンジン研究開発

航空機用のジェットエンジンと小型ビジネスジェット「HondaJet」の開発・生産を行っています。「HondaJet」は独自技術をベースに開発されたエンジン「HF120」を主翼上面に搭載することで、広い室内空間の確保を実現。現在量産が進められており、2015 年冬のアメリカでの第一号機の引き渡しを皮切りに、世界中のお客さまのもとへ届けられています。空力部品や制御システムなどの要素技術から、新材料や革新的な加工プロセス、設計、解析、試験に至るまでを社内で研究・開発。世界で No.1 の性能を誇るエンジンを創り出すことを目標に掲げており、チャレンジャーとして未知の世界を切り拓いていく醍醐味が堪能できます。

基礎技術研究

二輪・四輪・ライフクリエーションなど具体的な製品の開発ではなく、長期的な視野に立って未来の技術の研究に取り組むポジションです。従来の事業にとらわれることなく、"モビリティ"に関することであればすべてが研究テーマ。

たとえば、人間と共存・協調し、人間の役に立つ「二足歩行ロボット」や「知能ロボティクス」の研究など、最先端の技術に挑みます。

購買

Honda 製品の競争力向上につながる部品を、国内・海外のお取引先から調達する業務を担います。いまや Honda は全世界で 8 兆円を超える部品を購入しており、「世界で感じる、世界で行動する、世界で創り出す」をモットーに、世界中の取引先と共創しながら、高品質で低コスト、そして環境負荷の少ない部品の調達を追求しています。ときには自らお取引先の現場に足を運び、製造方法の改善指導や新技術の導入などの支援にあたることも。高度な購買業務を通して、お客様にとってより価値のある製品づくりに貢献していく仕事です。

管理

IT

情報と技術を駆使して、ビジネスイノベーションを創出し、企業競争力を高め続けることが IT 部門のミッションです。その活躍フィールドはグローバルに及び、世界中の地域・拠点を IT で連携することで迅速な意思決定をサポートする仕組みの構築や、社内の各部門と連携し、先進 IT を活用した業務改革や新事業モデル創出のための企画、さらにはお客様に喜んでいただける製品を早く・安くお届けするための IT ソリューション提案など、いずれも経営に直結した重要な仕事を担います。

経理・財務・税務

企業の重要な経営資源である「お金」をマネジメントして Honda の経営を支え、将来最適・全体最適の観点からグローバルで強固な企業基盤を確立していくことが、経理・財務・税務部門の役割です。決算書作成などの会計業務はもとより、資金の調達・運用、税務申告、リスク管理などを通して経営状態を把握し、企業価値を向上させていくための経営への提言も当部門に課せられた重要な使命です。株主や投資家に向けて財務の広報活動も担い、さらには海外に駐在し、経理・財務・税務の面から現地法人の経営のサポートに携わる機会もあります。

人事・総務

Honda の基本理念である「人間尊重」。その意思は「技術より、まず人間が尊重されなければならない」という創業者本田宗一郎の想いとして、社内に脈々

と受け継がれています。当部門では、入社してから退職するまでの「ヒト」に関わる全ての仕事を担当します。Honda をさらに発展させていくために、人の採用から育成、そして個々が能力を最大限に発揮できる環境づくりに力をふるいます。具体的には、採用や人事異動、評価処遇、教育研修、給与・勤怠管理、厚生制度など幅広い仕事を本社、研究所、製作所などの国内拠点だけでなく、海外現地法人においても全社最適の観点から、各事業や各地域に応じた人事施策を企画・推進していきます。さまざまな業務をローテーションで経験し、将来的には人事・総務のプロとしてグローバルビジネス展開に参画・貢献していきます。

広報

戦略的な広報活動を企画・立案・実行し、Honda の目指す方向性を提示するとともに、スピーディかつ積極的な情報発信によって企業の価値を高めていく仕事です。トップが打ち出した経営方針や新製品・新技術に関する情報などを、テレビ・新聞などのマスメディアはもちろん、SNS や動画ストリーミングサイトなどの Web メディアも効果的に活用し、インパクトのあるメッセージに仕立てて最適なタイミングで発信していきます。また、社内のコミュニケーションを活性化していくことも重要な役割のひとつです。

法務

Honda が展開するグローバルなビジネスを法律の面からサポートしていきます。企業活動に付加価値を生み出す戦略法務、将来の法的リスクに対処する予防法務、すでに発生した事案に対処する臨床法務などがあります。法律的な観点から経営戦略の提案や、ビジネスを円滑に遂行するための契約の審査や交渉の支援、各部門から寄せられる法的課題の解決、さらには社外の弁護士と連携しての訴訟対応など、業務は広範囲に及びます。

知的財産

Honda の事業において生み出される特許・実用新案・意匠・商標・著作権などの「知的財産」。その創出を支援し、権利の活用を積極的に推進していくための戦略をグローバルで企画立案し、実行に移していくことがミッションです。たとえば、研究開発プロジェクトに参画し、最先端の技術を調査して新たな発明を促し、その権利化を図る、あるいは、知的財産をライセンス化して、社外に提供するための交渉・契約を担う。さらには他社との技術係争対処や商標・ブランド管理なども手がけ、知的財産の面から Honda の経営に寄与しています。

✔ 先輩社員の声

製品の魅力を伝え、
お客様に移動の喜びを届ける。

【国内営業／2017年入社】

現在の仕事内容

商品企画課は、営業領域として新商品のコンセプト発案から発売後のセールスプロモーション、販売戦略の方向性を定め、統括や指揮をする部門です。そのなかで私の担当業務は、お客様への販売を手掛ける「Honda Cars」向けの学習教材やイベントを企画すること。現場へのリサーチなども実施しながら、日本全国のスタッフに新製品の強みが伝わるように努力しています。

仕事の醍醐味

ひとつの新商品が発売に至るまでには、多くの部門が関わっています。メディア戦略や販売会社での戦略など、各部門の担当者と情報共有を行い、意思疎通を図ることで、一貫した訴求を心がけています。定例会議ではこうした全体の動きを俯瞰して見ることができますし、新商品が市場に出てお客様の手に届くまでのダイナミズムを肌で感じられることがこの仕事の大きな醍醐味になっています。

入社後に最も成長を感じた経験

入社1年目のころ、営業としてお客様への販売を担当していました。なんとか勉強しながら食らいついていたものの、当時はお客様のニーズについても自動車についても知らない自分に歯がゆさを感じていました。ひとつの新しい商品が市場に出るまでの全体像がみえる現在の部署に異動させてもらったのも、このときの「学びたい」という想いがすべての原動力になっています。

今後の挑戦、夢

入社時の目標でもある、企業ブランディングに携わりたいと思っています。
ブランディングと一言で言っても、業務範囲はひとつの商品の宣伝や企業の広報活動など多岐にわたっているため、
今後は多彩な部署の仕事を経験するなかで知識を吸収していきたい。
そしていつの日か、世界中の人々にHondaの魅力を届けられるような人材になりたいと考えています。

買う、売る、創る喜びを
世界規模でつなぐ仕事。

【生産管理・物流 ／ 2015 年入社】

現在の仕事内容

お客様にタイムリーに商品をお届けできるように、販売と生産をつなぐのが SCM（サプライチェーンマネジメント）の仕事です。私が担当しているのは大型二輪車のグローバル SCM。北米、欧州といった大きな市場や、伸びている中国など、世界各地の販売状況を常に把握し、お客様を待たせないように、かつ、余分な在庫を抱えることのないように、サプライチェーンを最適に調整。これによって熊本製作所の大型二輪車の生産を上手くコントロールでき、世界の市場のニーズに対応可能です。

仕事の醍醐味

二輪車を生産しているのは熊本ですが、二輪車を構成する多くの部品はアジアの国々を含む世界各地から供給を受けています。もし災害や感染症の影響で、どこかから部品が入らなくなれば、熊本での生産も止まってしまいます。部品生産も含めると見るエリアはさらに広く、サプライチェーンはとてもダイナミックなもの。自分がそれを途切れさせないように繋ぎ、お客様に商品が届いていくことを想像すると、非常にやりがいを感じます。

入社後に最も成長を感じた経験

入社して最初の 4 年間は、熊本製作所で生産計画をつくる役割を担っていました。ただ、入社 2 年目の年に熊本地震が発生。工場も被災し、世界中のお客様が待っているのに、商品を供給できない事態に。必死に要件を整理して、ネックになるものを解消して、再開を目指しました。どの部品がどこから入り、どう完成させ、出荷していくのか、ものの流れを肌で覚えたし、一人ではなく周りを巻き込む大事さも学びました。

今後の挑戦、夢

海外に駐在して、その地域の需給調整に関する業務にも挑戦してみたいですね。
もっと二輪車に乗るお客様の近くに行きたい気持ちもあります。
次は四輪車の SCM に挑むこともおもしろそう。
これから伸びてくるアフリカにも興味があって、工場をつくるところから携わるのもきっとおもしろい。
夢は年々、広がり、大きくなっています。

人々の生活に溶け込む
Honda らしいロボットを。

【先進技術研究 ／ 2016 年入社】
現在の仕事内容
Honda は、ASIMO に象徴されるような "人と共存するロボット" の研究開発を長年に渡って繰り広げています。私は入社以来ロボット領域に携わっており、そのなかで制御領域を担当しています。目標に対する軌道生成から、対象物を扱うための関節の制御、さらには人間とのインターフェースまで、あらゆるレイヤーにおいて知恵を絞り革新的なロボットづくりに挑戦しています。

仕事の醍醐味
ロボティクスはいま社会で注目されている技術であり、有力な IT 企業やスタートアップ企業も続々参入しています。しかし、ハードウエアまで自社で一貫して開発できる企業は限られています。そんななかで Honda は、高性能なハードウエアを自ら創り出せる力がある。制御技術者としては、その唯一無二のハードに自分のアイデアを実装し、実世界で本当に役立つロボットを世の中に送り出せる。そこに私は大きな醍醐味を覚えています。

入社後に最も成長を感じた経験
ロボット制御は一筋縄ではいかない世界です。シミュレーター上では理想通りの動きを示しても、いざ実機に設計したソフトを組み込んでテストしてみると、予想外のエラーに見舞われることもあります。解析を繰り返して原因を探り、関係者と議論しながら問題と思われる個所をひたすら潰して壁を乗り越えていく。プロジェクトを前進させることに貢献できた時は、技術者として自分の成長を大いに感じます。

今後の挑戦、夢
現状では、普段の生活のなかでロボットと触れ合うことに違和感を覚える人もまだ多いと思います。
自動車やスマートフォンが瞬く間に普及して人々の暮らしを変えたように、
ロボットで新たな価値を提案したいと思っています。
Honda の技術をフルに活用し、ぜひ人々の生活に溶け込むロボットをこの手で創りたいと思っています。

技術系

応募資格	■4年制大学・大学院（修士／博士課程前期）・高等専門学校（専攻科）を2023年4月〜2024年3月までに卒業・修了見込みの方、あるいは2020年4月〜2023年3月までに卒業・修了された方 ※2024年4月〜9月に卒業・修了見込みの方も応募可能（入社時期は個別相談）です。 ※事務系職は文理・専攻分野不問ですが、技術系職は理工系学部推奨です。 ※高等専門学校（専攻科）の方は、技術系職のみの募集となります。 ※大学院博士課程後期など博士号取得見込みの方は、キャリア（中途）採用でのご応募をお願いします。 ■国内外問わず勤務できる方
給与	学部／高専専攻科卒：228,000円 修士了：254,900円（2022年度実績）
諸手当	時間外勤務手当、住宅手当、育児・介護手当、通勤手当 他
給与改定	年1回（6月）
賞与	年2回（6月、12月） （2022年度実績）6.0ヶ月
勤務時間	8時間（時間帯は勤務地により異なる） ※事業所／職場によりフレックスタイム制適用
休日休暇	週休2日制（弊社カレンダーによる）、5月・8月の連休、年末年始休暇など年間休日121日、年次有給休暇、特別休暇
保険	雇用保険、労災保険、健康保険、厚生年金保険
福利厚生	●制度：互助会、特別見舞金、財形貯蓄、住宅共済金、育児介護支援、退職年金など ●施設：独身寮、保養所、グランド・体育館などのスポーツ施設など

事務系

応募資格	■4年制大学・大学院（修士／博士課程前期）・高等専門学校（専攻科）を2023年4月〜2024年3月までに卒業・修了見込みの方、あるいは2020年4月〜2023年3月までに卒業・修了された方 ※2024年4月〜9月に卒業・修了見込みの方も応募可能（入社時期は個別相談）です。 ※事務系職は文理・専攻分野不問ですが、技術系職は理工系学部推奨です。 ※高等専門学校（専攻科）の方は、技術系職のみの募集となります。 ※大学院博士課程後期など博士号取得見込みの方は、キャリア（中途）採用でのご応募をお願いします。 ■国内外問わず勤務できる方
募集職種	セールス・マーケティング・サービス、生産管理・物流、購買・部品調達、人事、知的財産・法務、経理・財務、DX/IT（事務系）
給与	学部／高専専攻科卒：228,000円 修士了：254,900円（2022年度実績）
諸手当	時間外勤務手当、住宅手当、育児・介護手当、通勤手当 他
給与改定	年1回（6月）
賞与	年2回（6月、12月） （2022年度実績）6.0ヶ月
勤務地	●本田技研工業株式会社●株式会社本田技術研究所 ●株式会社ホンダアクセス（北海道、東京都、栃木県、埼玉県、静岡県、三重県、熊本県、海外事業所）
勤務時間	8時間（時間帯は勤務地により異なる） ※事業所／職場によりフレックスタイム制適用
休日休暇	週休2日制（弊社カレンダーによる）、5月・8月の連休、年末年始休暇など年間休日121日、年次有給休暇、特別休暇
保険	雇用保険、労災保険、健康保険、厚生年金保険
福利厚生	●制度：互助会、特別見舞金、財形貯蓄、住宅共済金、育児介護支援、退職年金など ●施設：独身寮、保養所、グランド・体育館などのスポーツ施設など

✔ 採用の流れ （出典：東洋経済新報社『就職四季報』）

エントリーの時期	【総】3〜4月　【技】3〜5月
採用プロセス	【総】ES・適正検査（3〜4月）→面接（6月）→内々定（6月中） 【技】ES・適正検査（3〜5月）→面接（6月）→内々定（6月中）

採用実績数

	大卒男	大卒女	修士男	修士女
2022年	87 （文：27 理：60）	41 （文：22 理：19）	213 （文：2 理：211）	31 （文：2 理：29）
2023年	98 （文：33 理：65）	44 （文：28 理：16）	297 （文：5 理：292）	29 （文：0 理：29）
2024年	149 （文：55 理：91）	51 （文：34 理：17）	325 （文：1 理：324）	35 （文：3 理：32）

✔2023年の重要ニュース (出典：日本経済新聞)

■ホンダ、GSユアサとEV電池新会社　年内に設立（1/23）

　ホンダは23日、GSユアサと2023年中に電気自動車（EV）用電池を開発する、共同出資会社を設立すると発表した。新会社では開発や販路の企画など幅広い領域で協業する見込みだ。両社はハイブリッド車（HV）用電池ですでに協業しているが、ホンダはEV需要の拡大に備えた電池確保に向け、提携を広げる狙いがあるとみられる。

　新会社はEV向けのリチウムイオン電池の開発のほか、知的財産の管理や効率的な生産体制の設計などでも協業を検討する。両社の出資比率や電池の生産計画については「詳細は検討中」（ホンダ）とし、現時点で具体的な内容を明らかにしていない。

　ホンダは40年に新車の全てをEVか燃料電池車（FCV）にする計画を掲げており、将来は大量の車載電池の確保が必要なる見通しだ。国内向けのEVでは、24年に発売する車種に搭載する電池は、エンビジョンAESCグループ（神奈川県座間市）から調達する計画だ。それ以降の計画は公表していなかった中、今回の協業は25年以降の国内の電池調達を見据えた、調達戦略の一部となる可能性がある。

　海外での電池調達ではすでに手を打ち始めた。米国では韓国の電池大手、LGエネルギーソリューションと新工場をつくり25年に量産を始める。中国ではホンダが出資する電池大手、寧徳時代新能源科技（CATL）から30年まで調達を受けることを明らかにしている。

　一方のGSユアサはこれまで、HV向けのリチウムイオン電池を主に手がけていたが、電動化需要の拡大を受け「23年度からEV向け電池に参入する」（村尾修社長）方針を示していた。EV向けは必要となるエネルギー密度や耐久性がHV向けと異なるため、開発に向けて専門部署を22年に立ち上げた。ホンダとの共同開発で「開発した電池のセルをEVに搭載するためのノウハウなどを提供してもらう狙いだ」（GSユアサ）という。

　両社は09年、GSユアサが51％、ホンダが49％を出資し、HV用の電池の研究開発や生産を行うブルーエナジー（京都府福知山市）を設立。同市に工場を構え、ホンダやトヨタ自動車のHV向けにリチウムイオン電池を販売している。

■ホンダ、自動走行の電動台車を開発　高性能センサー活用（3/7）

　ホンダは7日、自動で走行する電動台車の新型車を開発したと発表した。高性

能センサー「ライダー」を自車の位置の把握にも使うことで、全地球測位システム（GPS）などの位置情報がなくても走行しやすくした。建設現場や農場で荷物を運ぶ用途を想定する。ホンダは電動台車など自動で走行する作業車の商品化を目指し、北米で実証実験を進める。

14〜18日に米ラスベガスで開かれる建設機械の見本市に、新たに開発した電動台車の試作車を展示する方針。GPSによる位置情報や、搭載したレーダーやライダーで検知する障害物の情報などを活用し、自動での走行を可能にしている。サイズは、幅1.3メートル、長さ約3メートル、高さ約2メートルになる。18.6キロワット時の電池を積んでいる。

今回開発したのは3代目。ライダーで自車の位置を把握するようにしたことで、GPSサービスなどが利用できない場所でもスムーズに自動走行ができるようになった。最大積載量は22年に公開した2代目と比べて2.3倍の約900キログラムに増やした。最大積載時の航続距離は最長で45キロメートル。

■ホンダF1復帰、躍進アストンマーティンと世界王者狙う（5/24）

2026年からのF1復帰を発表したホンダは、21年の参戦終了後もホンダ・レーシング（HRC）を通じてレッドブル向けにパワーユニット（PU）を製造、運用に関わる形で技術支援を続けてきた。08年の撤退後に「全く（F1の）研究開発をしていなかった」（三部敏宏社長）状態で復帰し、苦戦が続いた15年とは状況は異なる。

パートナーとなるアストンマーティンは近年、著しい進歩を遂げてきた。今季はここまでの5戦中4戦でフェルナンド・アロンソ（スペイン）が表彰台に立ち総合3位、チームも総合2位につける。レッドブルの圧倒的な強さが目立つ中でPU供給元のメルセデスを上回る成績を残している。

ローレンス・ストロール会長は元世界王者のアロンソらをチームに招き、英国に最新式の工場を建設するなどチーム強化を図ってきた。ホンダとの提携については「世界タイトルをとるための最後のピース」と期待する。

26年の新規定では電動化の比率が2割弱から5割と大幅に変わり、一から仕切り直しという状況だ。王者レッドブルは新しくフォードと組み、アウディも参戦。勢力図が大きく変わる可能性がある。現在のF1で勝つには車体とPUのバランスが不可欠。いかにチームとの連携を密にして車の熟成を図るかが、成功のカギを握る。

✔2022年の重要ニュース (出典：日本経済新聞)

■2年ぶりベア復活へ　月3000円で要求通り回答（3/9）

　ホンダは9日、2022年の春季労使交渉でベースアップ（ベア）に相当する賃金改善分について組合の要求通りの月3000円で回答する方針を固めた。ベア回答は2年ぶりとなる。一時金についても6カ月分で満額回答する方向だ。

　今後、組合側と詰めの協議を進め、来週の回答期限に合わせて妥結する見通しだ。ホンダの労働組合である本田技研労働組合は22年春季交渉でベア月3000円、年間一時金は基準内賃金の6カ月分を要求していた。ベア要求のうち月1500円分は組合員一律ではなく、それぞれの組合員の成長や働きがいを高める賃金制度の原資とするよう求めている。

　トヨタ自動車は9日、賃金や一時金を満額回答し、回答期限前に22年春交渉が事実上決着した。半導体など部品不足に加え、ロシアによるウクライナ侵攻で業績の先行きが見通せないなか、自動車業界では春季交渉の早期決着の流れが強まっている。

■N-BOX、2年ぶり首位　21年度車名別新車販売（4/6）

　自動車販売会社の業界団体が6日発表した2021年度の国内車名別新車販売台数によると、ホンダの軽自動車「N-BOX」が、20年度比3.2％減の19万1534台で2年ぶりに首位になった。2位は20年度首位のトヨタ自動車の小型車「ヤリス」で、同5.5％減の19万1414台だった。3位はトヨタの「ルーミー」で、同30.3％増の13万4321台だった。

　日本自動車販売協会連合会（自販連）と全国軽自動車協会連合会（全軽自協）が発表した。N-BOXは17年度〜19年度までトップだった。軽自動車ながら室内が広く、安全性能も充実し家族連れを中心に人気だ。20年度は新型車効果のあった「ヤリス」と4752台の差で2位だったものの、21年度は120台の差で追い抜いた。

　トヨタは13万台超の「ルーミー」「カローラ」（12万4224台）、「アクア」（8万4734台）など複数の車種に人気が分散している。一方、ホンダ車で2位の「フリード」の販売台数は7万3661台とN-BOXより10万台以上少ない。

　3月単体の販売でもN-BOXが前年同月比6％減の2万5529台で首位だった。トップは3カ月連続。2位はヤリスで同38.7％減の1万7442台だった。

■ホンダ、国内全部署で原則出社　変革期で対面重視（5/20）

　ホンダは本社部門や研究所などで原則出社とする。これまでは新型コロナウイルス禍でテレワークなど在宅勤務の活用が主体だった。5月上旬に国内全社を対象に方針を通達しており、各職場の状況に応じて段階的に運用を切り替えてもらう。ワクチン接種が進み感染の広がりが落ち着いてきたほか、電気自動車（EV）シフトなど変革期で事業を円滑に進めるために対面での働き方を重視する。

　工場や営業、総務、研究所など全ての部署が対象となる。出社を原則とするが、各職場で状況が異なることから段階的に柔軟に対応してもらう。育児や介護などで必要な場合は引き続き在宅勤務を活用できる。

　ホンダはEVシフトを進めているほか、航空機やロケットなど新分野の事業開発強化を掲げている。社員の出社頻度をコロナ禍前の水準に戻すことで、社内のコミュニケーションを活性化し、事業の成長に結びつける狙いだ。「強制でない。在宅勤務は必要に応じて活用を続ける」（ホンダ）という。

　自動車業界では原則出社とするのは珍しい。ただ足元では出社比率が高まっている。トヨタ自動車は愛知県での工業用水不足で一時的に在宅勤務を推奨しているものの、段階的に出社率が高まっていた。1月時点では愛知県豊田市の本社地区で出社率が40～50％だったが、4月には50～60％に高まり、東京地区では同20％から30％に高まっている。日産自動車は感染拡大防止の観点から出社を原則とはしていない。引き続き在宅勤務を活用する方針だ。

■自動運転の超小型EV開発　30年の実用化目指す（7/4）

　ホンダは4日、新たに開発した超小型電気自動車(EV)を使った次世代モビリティーの実証実験を2022年秋から茨城県常総市ではじめると発表した。少子高齢化が進む地方都市で自動運転など新技術を搭載した車両を日常の足として活用してもらい、実用化に向けたデータを蓄積する。ホンダは30年をメドに自動運転機能を持つ超小型EVの実用化を目指す考えだ。

　ホンダの研究開発子会社である本田技術研究所と常総市が同日、5年間の実証実験の実施に向けた協定を結んだと発表した。ホンダが開発する超小型EVは1～2人乗りを想定する。運転ができない高齢者などに買い物など日常の足として使ってもらうことを見込んでいる。

　実証実験はまず、常総市のアウトドア施設「水海道あすなろの里」で自動運転機能のない車両の運行から着手する。段階的に機能を向上させ、将来的には自動運転車を使った公道走行実験をめざす。重い荷物の運搬の手助けをするような人工知能（AI）搭載のロボットの実証実験も同時に実施する。

✔2021年の重要ニュース <small>（出典：日本経済新聞）</small>

■ホンダ、世界販売全てを EV・FCV に　40 年目標（4/23）

　ホンダは 23 日、2040 年までに世界での新車販売全てを電気自動車（EV）と燃料電池車（FCV）に切り替えると発表した。ハイブリッド車（HV）も含め走行中に二酸化炭素（CO_2）を排出する新車の販売はやめる。同様の方針は米ゼネラル・モーターズ（GM）やスウェーデンのボルボ・カーなども表明済み。世界的な脱炭素の流れをうけ、自動車各社が具体的な戦略転換に動いている。

　23 日に都内で開いた記者会見で三部敏宏社長が明らかにした。新車販売全てを EV と FCV とする計画を出したのは、国内の自動車大手ではホンダが初めて。同社の 20 年の世界販売台数は 445 万台で、EV と FCV の販売比率は合計で 1% 未満だった。

　先進国では EV と FCV の割合を 30 年に 40%、35 年には 80% に高める。具体的には 24 年に北米で GM と共同開発した大型 EV2 車種を投入し、20 年代後半に別の EV も発売する。中国では 22 年に新型 EV を発売し、今後 5 年以内に 10 車種の EV を投入する。日本では 24 年に軽自動車の EV を発売する。

　研究開発費は今後 6 年間で 5 兆円と 19 年度までの 6 年間と比べ約 16% 増やし、EV 専用工場も検討する。目標実現には電池調達なども課題で、20 年代後半にも独自の次世代電池を実用化する。ホンダは 16 年に 30 年をメドに世界の新車販売の 3 分の 2 を電動車にする方針を表明した。八郷隆弘前社長は「HV とプラグインハイブリッド車（PHV）が 50% 以上、EV と FCV で 15%」としてきたが、具体策は方策は明示していなかった。菅義偉首相は 22 日、30 年度に温暖化ガスを 13 年度比 46% 削減することを表明した。三部社長は政府方針を「全面的に支持する」と述べた。EV 普及に伴い今後は発電時に CO_2 を出さない再生可能エネルギーの利用拡大も必要となる。

■主要車種に「Android」搭載　Google と連携強化（9/24）

　ホンダは米グーグルとの連携を強化する。2022 年から世界各地で販売する主要な車種にグーグルの基本ソフト（OS）を搭載し、スマートフォンがなくても経路案内や音楽再生などのサービスを車内で利用できるようにする。IT（情報技術）大手の技術を活用し、利便性を高めつつ開発コストの低減につなげる。

　グーグルが 23 日に発表した。ホンダの車両にグーグルの自動車向け OS「アンドロイド・オートモーティブ」を組み込む。同 OS はスマホ向け OS の「アン

ドロイド」と同じ基本設計で、17年に構想を発表した。スウェーデンのボルボ・カーがいち早く採用し、米ゼネラル・モーターズ（GM）なども利用を決めている。日系では日産自動車に次ぐ採用となる。

　ホンダは14年にグーグルが中心となって立ち上げた「オープン・オートモーティブ・アライアンス」に初期メンバーとして参画した。アンドロイドを搭載したスマホを車内で使いやすくする技術「アンドロイド・オート」の実用化に取り組んだ実績がある。アンドロイド・オートは運転者がスマホを持っていることが前提で、対応するスマホを車に接続して地図や音楽再生、通話などスマホの機能を車内で使えるようにした。一方、アンドロイド・オートモーティブは「インフォテインメント」などと呼ぶ車の情報系システムのOSとしてアンドロイドを組み込む。通信回線を経由して車に直接アプリを取り込むことが可能になり、スマホがなくてもアプリの機能を利用できるようになる。また、走行など安全に直結する領域以外でグーグルの音声制御機能を活用することができ、グーグルはカーエアコンや座席ヒーターの調整などに使うことを想定している。

■ホンダ、小型ロケット参入　30年までに試験機打ち上げ（9/30）

　ホンダは30日、人工衛星を宇宙に運ぶ小型ロケット事業に参入すると発表した。2030年までに試験機を打ち上げる。機体を発射基地に戻して再利用し最大50億円程度かかる打ち上げコストを大幅に抑える。ロケットには米テスラ最高経営責任者（CEO）のイーロン・マスク氏が率いるスタートアップなどの参入が相次ぐ。宇宙を次の成長市場と位置づける民間の競争が加速してきた。

　重量が1トン以下の衛星を搭載できる小型ロケットを開発する。エンジンの噴射などに自動車のガソリンエンジンで培った燃焼技術などを生かすほか、機体の制御や誘導にも自動運転の技術を応用する。19年からロケットなど宇宙専門の開発チームを立ち上げており、エンジンの試作などを進めて事業化の詳細を固める。

　ホンダは今後6年間に過去最大となる5兆円を研究開発に投じるとしている。ロケットは電気自動車（EV）などと並ぶ柱の一つとなる。

　ロケットは通信や地上観測などに使う小型の人工衛星を上空500〜2000キロメートルの宇宙に運ぶ。インドの調査会社マーケッツアンドマーケッツは、小型衛星の市場規模が20年の28億ドルから、25年に71億ドルに拡大すると予測する。ホンダは「打ち上げ需要に対してロケットが不足している」（ホンダ幹部）として参入に踏み切った。

✔ 就活生情報

ホンダ 2023卒

エントリーシート
・記載なし

セミナー
・記載なし

筆記試験
・記載なし

面接（個人・集団）
・雰囲気：和やか
・回数：3回

グループディスカッション
・記載なし

内定
・通知方法：電話

面接ではなぜ他の完成車メーカーでなくHondaを選んだのかは常に聞かれました。自分なりにHondaの良さを見つけることが大切

技術職 2020卒

エントリーシート

・採用ホームページから記入。研究，学生時代に力を入れたこと，やりたい仕事と志望動機など，自由記述
・全5000文字の具体的要素を必要とするもので，非常に長い。一貫性がないと面接中に論破されるので，いかにうまく書くか重要

セミナー

・選考とは無関係
・服装：リクルートスーツ
・内容：社員が夢について語っていた。他の説明会に比べ熱意のあふれる説明会だったように思う

筆記試験

・形式：Webテスト
・課目：英語/数学，算数/国語，漢字
・内容：ごく一般的なWebテスト。参考程度にしか見られていないように思う

面接（個人・集団）

・基本的にはエントリーシートの深堀り。それ以外には最終的にどんなポジションを目指したいか，他社はそれぞれどのような理由で受けているのか，四輪志望のようだが二輪の仕事についてはどう思うか，志望しているやりたい仕事の他にどんな仕事に興味があるか

内定

・通知方法：電話

▶ その他受験者からのアドバイス

・理論的にうまく話せることが重要な会社。質問を返せないとダメ。綿密に面接対策を行って
・志望動機やキャリアのイメージを明確に理論的に説明できるとよい

面接は全体的に和やかな雰囲気だったので，終わった後率直に，楽しかったと思えました

事務系 2019卒

エントリーシート

・学生時代に最も情熱を注いで取り組んだ内容について
・取り組みの過程で直面した困難なこと
・困難を乗り越えるためにどうしたか
・あなたが仕事を通して，成し遂げたいことは何か

セミナー

・試験科目は，言語 非言語

筆記試験

・形式は，SPI
・試験科目は，言語，非言語，性格検査
・各科目の問題数と制限時間
・最もオーソドックスなものと同じ

面接（個人・集団）

・質問内容は，HONDAは好きか，HONDAでやりたいことはあるか，それをどうやるのかアイディアはあるか。等
・雑談のような質疑で非常にやりやすく，手応えを感じていた
・雰囲気は，なごやか

グループディスカッション

・テーマ「HONDAらしさとはなにか」
・面接時間は，1h
・面接官の人数は，各グループに2人
・学生の人数は，5

内定

・内定時期は，6月1日
・承諾検討期間は，不明

自分の希望職種と研究分野のマッチング具合について，論理的に説明できるようにしておいたほうがいいかと思います

技術系 2019卒

エントリーシート

・学生生活において，もっとも力を入れて取り組んだ 学問・研究テーマ
・学生時代に最も情熱を注いで取り組んだ内容
・困難を乗り越えるために「どうしたか」
・あなたが仕事を通じて，成し遂げたいことはなんですか　等

セミナー

・記載なし

筆記試験

・WEBテスト
・試験科目は，言語，非言語，性格診断
・各科目の問題数と制限時間
・言語非言語35分，性格診断30分

面接（個人・集団）

・研究概要について大まかに説明。その後研究の苦労したところ，何に応用できるのか，どういった需要があるのか，HONDAではどのように活かせるのか，自身のつよみ，志望動機，HONDAで何をしたいのか，したいことができない場合はどうするか，組織内での立ち位置，逆質問

内定

・内定時期は，2018年6月
・承諾検討期間は，1週間

● その他受験者からのアドバイス

・自己紹介をし，その後研究概要について大まかに説明，その後研究活動において苦労したこと，それに対する自分の解決策，研究が何に応用できるのか，HONDAではどのように活かせるのかを聞かれた。その後，自分の強み，志望動機，他社との比較，したいことができない場合のことを聞かれた。

自分かやりたいことをまず見つけたら，志望動機を
自分なりによくまとめておきましょう

総合職 2018卒

エントリーシート
・形式は，採用ホームページから記入

セミナー
・選考との関係は，無関係だった
・服装は，リクルートスーツ

筆記試験
・形式は，Webテスト
・課目は，英語／数学，算数／性格テスト／一般教養・知識

面接（個人・集団）
・雰囲気は，和やか
・質問内容は，面接は3回で4回目は意思確認
・回数は，3回

グループディスカッション
・企業の関心をもっと持つようなテーマ

内定
・拘束や指示は，最終面接その場で伝えられた。私の場合は約束した
・通知方法は，その他
・タイミングは，予定通り。

● その他受験者からのアドバイス
・面接は圧力的ではなかった，自分か言いたいことを言える雰囲気だった。
　人を大切にするというのは嘘ではないと思う

企業研究は，実際に働く社員の声を聞けるようなイベントに参加するように心がけましょう

四輪技術自由 2018卒

エントリーシート

・内容は，例年通り
・形式は，採用ホームページから記入

セミナー

・選考との関係は，無関係だった
・服装は，リクルートスーツ

筆記試験

・形式は，Webテスト
・課目は，数学，算数／国語，漢字／性格テスト
・内容は，SPI

面接（個人・集団）

・雰囲気は，普通
・質問内容は，APSの内容が中心
・1次面接は和やか，最終面接はやや圧迫気味だった
・回数は，2回

内定

・拘束や指示は，ホンダのほかに選考が進んだり内々定を貰っている会社には，自分で断りを入れるように指示された
・通知方法は，電話
・タイミングは，予定通り

▶ その他受験者からのアドバイス

・よかった点は，CDや最終面接の後の電話では，フィードバックを話してくださったので，これからの自分の課題が明確になった
・よくなかった点は，最終面接から合格の連絡がくるまで，4日ぐらいあったのでかなりソワソワした

バイクや自動車の何が好きなのか，どんな研究がし
たいかなどを固めればいいと思います

二輪技術自由 2018卒

エントリーシート

・あなたが学生時代に直面した困難な経験
・学生生活において，最も力を入れて取り組んだ学問・研究テーマ
・二輪研究開発を通して，成し遂げたいことはか

セミナー

・選考との関係は，無関係だった
・内容は，web配信形式の会社紹介のみ

筆記試験

・形式は，Webテスト
・課目は，英語／数学，算数／国語，漢字／性格テスト
・内容は，易しい

面接（個人・集団）

・雰囲気は，和やか
・質問内容は，APSからがほとんど
・雑談のような感じで以下について聞かれた
・回数は，2回

内定

・通知方法は，電話

▶ その他受験者からのアドバイス

・内々定連絡が最終面接当日の夜と，他社に比べて非常に選考が早かった

アプリケーションシートは，自分の経験からしっかりと文書を練って構成することが重要です。

事務系総合職 2018卒

エントリーシート

・学生時代に最も情熱を注いで取り組んだ内容
・取り組みの過程で直面した困難なこと
・あなたが仕事を通して，成し遂げたいこと
・形式は，採用ホームページから記入

セミナー

・選考との関係は，無関係だった
・服装は，リクルートスーツ
・内容は，社員の方々が，それぞれの部署についてブース形式で説明するもので，3回のローテーションがあった

筆記試験

・形式は，記述式／Webテスト
・課目は，数学，算数／国語，漢字／性格テスト
・内容は，ウェブテスティングサービス(SPIの自宅で受けるもの)

面接（個人・集団）

・雰囲気は，和やか
・質問内容は，アプリケーションシートに基づく質問が多かったように思う。しっかりと向き合っておくことが重要だと感じた
・回数は，3回

内定

・拘束や指示は，内定は6月の最終面接で，その場でいただいた。
・通知方法は，その他
・タイミングは，予定通り

「なぜホンダなのか」を良く練っておくこと。他社と異なり，様々な分野に裾野を広げているので，深い企業研究が必要だと思います

総合職 2017卒

エントリーシート

・形式は，採用ホームページから記入

セミナー

・選考との関係は，無関係だった
・服装は，リクルートスーツ

筆記試験

・形式は，記述式
・課目は，一般教養・知識／時事／その他

面接（個人・集団）

・雰囲気は，和やか
・質問内容は，志望動機，自身の強み，弱み，苦手なもの・ひと・こと，ホンダに対して，他社と比べてどのようなイメージを持っているか
・回数は，3回

グループディスカッション

・ホンダの将来を考えるような内容

▶ その他受験者からのアドバイス

・私がお会いした面接官の方で圧迫型の方はおらず，終始楽しく面接ができた

会社で何をしたいのか，なぜその会社なのかは明確にしておくといいと思います。あきらめずに頑張って下さい

技術系 2017卒

エントリーシート

- 内容は，・志望動機，学生時代の勉強，研究について，学生時代に頑張ったこと，成し遂げたい夢，実現の場としてなぜホンダなのかなど
- 形式は，採用ホームページから記入

セミナー

- 選考との関係は，無関係だった
- 服装は，リクルートスーツ
- 内容は，企業説明と職種についての説明，振り返り

筆記試験

- 形式は，Webテスト
- 課目は，数学，算数／国語，漢字／性格テスト
- 内容は，SPI

面接（個人・集団）

- 雰囲気は，和やか
- 質問内容は，なぜホンダなのか，ホンダで何をしたい，学生時代頑張ったこと，自分はどんな人など
- 回数は，2回

内定

- 拘束や指示は，特になし
- 通知方法は，WEB上のメールボックス
- タイミングは，予定より遅かった

▶ その他受験者からのアドバイス

- キャリアディスカッション後にフィードバックをいただけたりと非常に丁寧でした。
- 最終選考の通知が思っていたより遅く不安になった

✔ 有価証券報告書の読み方

01 部分的に読み解くことからスタートしよう

　「有価証券報告書（以下，有報）」という名前を聞いたことがある人も少なくはないだろう。しかし，実際に中身を見たことがある人は決して多くはないのではないだろうか。有報とは上場企業が年に1度作成する，企業内容に関する開示資料のことをいう。開示項目には決算情報や事業内容について，従業員の状況等について記載されており，誰でも自由に見ることができる。

　一般的に有報は，証券会社や銀行の職員，または投資家などがこれを読み込み，その後の戦略を立てるのに活用しているイメージだろう。その認識は間違いではないが，だからといって就活に役に立たないというわけではない。就活を有利に進める上で，お得な情報がふんだんに含まれているのだ。ではどの部分が役に立つのか，実際に解説していく。

■有価証券報告書の開示内容
　では実際に，有報の開示内容を見てみよう。

有価証券報告書の開示内容
第一部【企業情報】
第1【企業の概況】
第2【事業の状況】
第3【設備の状況】
第4【提出会社の状況】
第5【経理の状況】
第6【提出会社の株式事務の概要】
第7【提出会社の状参考情報】
第二部【提出会社の保証会社等の情報】
第1【保証会社情報】
第2【保証会社以外の会社の情報】
第3【指数等の情報】

有報は記載項目が統一されているため，どの会社に関しても同じ内容で書かれている。このうち就活において必要な情報が記載されているのは，第一部の第1【企業の概況】～第5【経理の状況】まで，それ以降は無視してしまってかまわない。

02 企業の概況の注目ポイント

　第1【企業の概況】には役立つ情報が満載。そんな中，最初に注目したいのは，冒頭に記載されている【主要な経営指標等の推移】の表だ。

回次		第25期	第26期	第27期	第28期	第29期
決算年月		平成24年3月	平成25年3月	平成26年3月	平成27年3月	平成28年3月
営業収益	（百万円）	2,532,173	2,671,822	2,702,916	2,756,165	2,867,199
経常利益	（百万円）	272,182	317,487	332,518	361,977	428,902
親会社株主に帰属する当期純利益	（百万円）	108,737	175,384	199,939	180,397	245,309
包括利益	（百万円）	109,304	197,739	214,632	229,292	217,419
純資産額	（百万円）	1,890,633	2,048,192	2,199,357	2,304,976	2,462,537
総資産額	（百万円）	7,060,409	7,223,204	7,428,303	7,605,690	7,789,762
1株当たり純資産額	（円）	4,738.51	5,135.76	5,529.40	5,818.19	6,232.40
1株当たり当期純利益	（円）	274.89	443.70	506.77	458.95	625.82
潜在株式調整後1株当たり当期純利益	（円）	—	—	—	—	—
自己資本比率	（%）	26.5	28.1	29.4	30.1	31.4
自己資本利益率	（%）	5.9	9.0	9.5	8.1	10.4
株価収益率	（倍）	19.0	17.4	15.0	21.0	15.5
営業活動によるキャッシュ・フロー	（百万円）	558,650	588,529	562,763	622,762	673,109
投資活動によるキャッシュ・フロー	（百万円）	△370,684	△465,951	△474,697	△476,844	△499,575
財務活動によるキャッシュ・フロー	（百万円）	△152,428	△101,151	△91,367	△86,636	△110,265
現金及び現金同等物の期末残高	（百万円）	167,525	189,262	186,057	245,170	307,809
従業員数[ほか、臨時従業員数]	（人）	71,729 [27,746]	73,017 [27,312]	73,551 [27,736]	73,329 [27,313]	73,053 [26,147]

　見慣れない単語が続くが，そう難しく考える必要はない。特に注意してほしいのが，**営業収益**，**経常利益**の二つ。営業収益とはいわゆる**総売上額**のことであり，これが企業の本業を指す。その営業収益から営業費用（営業費（販売費＋一般管理費）＋売上原価）を差し引いたものが**営業利益**となる。会社の業種はなんであれ，モノを顧客に販売した合計値が営業収益であり，その営業収益から人件費や家賃，広告宣伝費などを差し引いたものが営業利益と覚えておこう。対して経常利益は営業利益から本業以外の損益を差し引いたもの。いわゆる金利による収益や不動産収入などがこれにあたり，本業以外でその会社がどの程度の力をもっているかをはかる絶好の指標となる。

■会社のアウトラインを知れる情報が続く。

　この主要な経営指標の推移の表につづいて，「会社の沿革」，「事業の内容」，「関係会社の状況」「従業員の状況」などが記載されている。自分が試験を受ける企業のことを，より深く知っておくにこしたことはない。会社がどのように発展してきたのか，主としている事業はどのようなものがあるのか，従業員数や平均年齢はどれくらいなのか，志望動機などを作成する際に役立ててほしい。

03 事業の状況の注目ポイント

　第2となる【事業の状況】において，最重要となるのは**業績等の概要**といえる。ここでは1年間における収益の増減の理由が文章で記載されている。「○○という商品が好調に推移したため，売上高は△△になりました」といった情報が，比較的易しい文章で書かれている。もちろん，損失が出た場合に関しても包み隠さず記載してあるので，その会社の1年間の動向を知るための格好の資料となる。

　また，業績については各事業ごとに細かく別れて記載してある。例えば鉄道会社ならば，①運輸業，②駅スペース活用事業，③ショッピング・オフィス事業，④その他といった具合だ。**どのサービス・商品がどの程度の売上を出したのか**，会社の持つ展望として，今後**どの事業をより活性化**していくつもりなのか，などを意識しながら読み進めるとよいだろう。

■「対処すべき課題」と「事業等のリスク」

　業績等の概要と同様に重要となるのが，「**対処すべき課題**」と「**事業等のリスク**」の2項目といえる。ここで読み解きたいのは，その会社の**今後の伸びしろ**について。いま，会社はどのような状況にあって，どのような課題を抱えているのか。また，その課題に対して取られている対策の具体的な内容などから経営方針などを読み解くことができる。リスクに関しては法改正や安全面，他の企業の参入状況など，会社にとって決してプラスとは言えない情報もつつみ隠さず記載してある。客観的にその会社を再評価する意味でも，ぜひ目を通していただきたい。

　次代を担う就活生にとって，ここの情報はアピールポイントとして組み立てやすい。「新事業の○○の発展に際して……」，「御社が抱える●●というリスクに対して……」などという発言を面接時にできれば，面接官の心証も変わってくるはずだ。

最後に注目したいのが，第5【経理の状況】だ。ここでは，簡単にいえば【主要な経営指標等の推移】の表をより細分化した表が多く記載されている。ここの情報をすべて理解するのは，簿記の知識がないと難しい。しかし，そういった知識があまりなくても，読み解ける情報は数多くある。例えば**損益計算書**などがそれに当たる。

連結損益計算書

(単位：百万円)

	前連結会計年度 （自 平成26年4月1日 至 平成27年3月31日）	当連結会計年度 （自 平成27年4月1日 至 平成28年3月31日）
営業収益	2,756,165	2,867,199
営業費		
運輸業等営業費及び売上原価	1,806,181	1,841,025
販売費及び一般管理費	※1 522,462	※1 538,352
営業費合計	2,328,643	2,379,378
営業利益	427,521	487,821
営業外収益		
受取利息	152	214
受取配当金	3,602	3,703
物品売却益	1,438	998
受取保険金及び配当金	8,203	10,067
持分法による投資利益	3,134	2,565
雑収入	4,326	4,067
営業外収益合計	20,858	21,616
営業外費用		
支払利息	81,961	76,332
物品売却損	350	294
雑支出	4,090	3,908
営業外費用合計	86,403	80,535
経常利益	361,977	428,902
特別利益		
固定資産売却益	※4 1,211	※4 838
工事負担金等受入額	※5 59,205	※5 24,487
投資有価証券売却益	1,269	4,473
その他	5,016	6,921
特別利益合計	66,703	36,721
特別損失		
固定資産売却損	※6 2,088	※6 1,102
固定資産除却損	※7 3,957	※7 5,105
工事負担金等圧縮額	※8 54,253	※8 18,346
減損損失	※9 12,738	※9 12,297
耐震補強重点対策関連費用	8,906	10,288
災害損失引当金繰入額	1,306	25,085
その他	30,128	8,537
特別損失合計	113,379	80,763
税金等調整前当期純利益	315,300	384,860
法人税、住民税及び事業税	107,540	128,972
法人税等調整額	26,202	9,326
法人税等合計	133,742	138,298
当期純利益	181,558	246,561
非支配株主に帰属する当期純利益	1,160	1,251
親会社株主に帰属する当期純利益	180,397	245,309

主要な経営指標等の推移で記載されていた**経常利益**の算出する上で必要な営業外収益などについて，詳細に記載されているので，一度目を通しておこう。

いよいよ次ページからは実際の有報が記載されている。ここで得た情報をもとに有報を確実に読み解き，就職活動を有利に進めよう。

✔ 有価証券報告書

※抜粋

■ 企業の概況

1 主要な経営指標等の推移

（1） 連結経営指標等 ···

回次		第95期	第96期	第97期	第98期	第99期
連結会計年度		2018年度 (自 2018年4月1日 至 2019年3月31日)	2019年度 (自 2019年4月1日 至 2020年3月31日)	2020年度 (自 2020年4月1日 至 2021年3月31日)	2021年度 (自 2021年4月1日 至 2022年3月31日)	2022年度 (自 2022年4月1日 至 2023年3月31日)
売上収益	（百万円）	15,888,617	14,931,009	13,170,519	14,552,696	16,907,725
営業利益	（百万円）	726,370	633,637	660,208	871,232	780,769
税引前利益	（百万円）	979,375	789,918	914,053	1,070,190	879,565
親会社の所有者に帰属する当期利益	（百万円）	610,316	455,746	657,425	707,067	651,416
親会社の所有者に帰属する当期包括利益	（百万円）	637,609	24,287	1,214,757	1,619,997	1,081,429
親会社の所有者に帰属する持分	（百万円）	8,267,720	8,012,259	9,082,306	10,472,824	11,184,250
総資産額	（百万円）	20,419,122	20,461,465	21,921,030	23,973,153	24,670,067
1株当たり親会社所有者帰属持分	（円）	4,698.74	4,640.46	5,260.06	6,122.31	6,719.93
基本的1株当たり当期利益（親会社の所有者に帰属）	（円）	345.99	260.13	380.75	411.09	384.02
希薄化後1株当たり当期利益（親会社の所有者に帰属）	（円）	345.99	260.13	380.75	411.09	384.02
親会社所有者帰属持分比率	（％）	40.5	39.2	41.4	43.7	45.3
親会社所有者帰属持分当期利益率	（％）	7.5	5.6	7.7	7.2	6.0
株価収益率	（倍）	8.7	9.3	8.7	8.5	9.1
営業活動によるキャッシュ・フロー	（百万円）	775,988	979,415	1,072,379	1,679,622	2,129,022
投資活動によるキャッシュ・フロー	（百万円）	△577,555	△619,481	△796,881	△376,056	△678,060
財務活動によるキャッシュ・フロー	（百万円）	22,924	△87,411	△283,980	△615,718	△1,468,359
現金及び現金同等物の期末残高	（百万円）	2,494,121	2,672,353	2,758,020	3,674,931	3,803,014
従業員数 (外、平均臨時従業員数)	（名）	219,722 (37,897)	218,674 (34,586)	211,374 (28,161)	204,035 (27,069)	197,039 (25,249)

（注） 1 当社は，国際会計基準（以下「IFRS」という。）に準拠して連結財務諸表を作成しています。

　　　 2 売上収益には，消費税等は含まれていません。

ⓟⓞⓘⓝⓣ **主要な経営指標等の推移**

数年分の経営指標の推移がコンパクトにまとめられている。見るべき箇所は連結の売上，利益，株主資本比率の3つ。売上と利益は順調に右肩上がりに伸びているか，逆に利益で赤字が続いていたりしないかをチェックする。株主資本比率が高いとリーマンショックなど景気が悪化したときなどでも経営が傾かないという安心感がある。

(2) 提出会社の経営指標等 ···

回次		第95期	第96期	第97期	第98期	第99期
事業年度		2018年度 (自 2018年4月1日 至 2019年3月31日)	2019年度 (自 2019年4月1日 至 2020年3月31日)	2020年度 (自 2020年4月1日 至 2021年3月31日)	2021年度 (自 2021年4月1日 至 2022年3月31日)	2022年度 (自 2022年4月1日 至 2023年3月31日)
売上高	(百万円)	4,077,564	3,642,679	3,092,866	3,454,263	3,586,448
営業利益又は 営業損失(△)	(百万円)	1,012	△60,260	△150,932	△11,215	△5,355
経常利益	(百万円)	534,031	512,028	359,362	613,644	642,766
当期純利益	(百万円)	362,203	373,027	373,372	488,046	630,759
資本金	(百万円)	86,067	86,067	86,067	86,067	86,067
発行済株式総数	(株)	1,811,428,430	1,811,428,430	1,811,428,430	1,811,428,430	1,811,428,430
純資産額	(百万円)	2,161,343	2,220,025	2,470,683	2,713,431	2,991,262
総資産額	(百万円)	2,982,107	3,126,421	3,383,432	3,920,756	4,316,643
1株当たり純資産額	(円)	1,228.34	1,285.77	1,430.91	1,586.25	1,797.27
1株当たり配当額	(円)	111.00	112.00	110.00	120.00	120.00
(第1四半期末)	(円)	(27.00)	(28.00)	(11.00)	(—)	(—)
(第2四半期末)	(円)	(28.00)	(28.00)	(19.00)	(55.00)	(60.00)
(第3四半期末)	(円)	(28.00)	(28.00)	(26.00)	(—)	(—)
(期末)	(円)	(28.00)	(28.00)	(54.00)	(65.00)	(60.00)
1株当たり当期純利益	(円)	205.33	212.91	216.24	283.75	371.84
潜在株式調整後 1株当たり当期純利益	(円)	—	—	—	—	—
自己資本比率	(%)	72.5	71.0	73.0	69.2	69.3
自己資本利益率	(%)	17.1	17.0	15.9	18.8	22.1
株価収益率	(倍)	14.6	11.4	15.3	12.3	9.4
配当性向	(%)	54.1	52.6	50.9	42.3	32.3
従業員数 (外、平均臨時従業員数)	(名)	22,675 (6,034)	25,379 (5,489)	35,781 (3,964)	34,067 (2,794)	33,065 (2,309)
株主総利回り (比較指標：配当込みTOPIX)	(%) (%)	84.9 (93.8)	72.5 (84.9)	99.8 (120.7)	107.7 (123.1)	111.6 (130.3)
最高株価	(円)	3,836.0	3,259.0	3,475.0	3,724.0	3,755.0
最低株価	(円)	2,733.0	2,120.0	2,135.5	3,043.0	2,990.5

(注) 1 売上高には、消費税等は含まれていません。

2 第98期より年2回配当を実施しています。

3 潜在株式調整後1株当たり当期純利益については、潜在株式がないため記載していません。

4 最高株価・最低株価は、2022年4月3日以前は東京証券取引所市場第一部、2022年4月4日以降は東京証券取引所プライム市場におけるものです。

---

point リーマン・ショックでも黒字を維持

営業利益は3/96期までは低迷したが、3/97期からは新興国での二輪車市場の広がり、北米四輪車事業の成長に伴い、業績成長モードに入った。営業利益率も安定的に5〜10%で推移し、3/08期には営業利益のピークをつけた。リーマン・ショック後もホンダは黒字を維持。これはアジアなどの新興国で小型二輪車市場が堅実に推移したため。

2 沿革

年月	事項
1946年10月	・本田宗一郎が静岡県浜松市に本田技術研究所を開設，内燃機関および各種工作機械の製造ならびに研究に従事
1948年9月	・本田技術研究所を継承して本田技研工業株式会社を設立
1949年8月	・二輪車生産開始
1952年4月	・本社を東京都に移転
9月	・パワープロダクツ生産開始
1953年5月	・大和工場（1973年1月より埼玉製作所和光工場）稼動開始
1954年4月	・浜松製作所葵工場（2014年4月よりトランスミッション製造部）稼動開始
1957年12月	・株式を東京証券取引所に上場
1959年6月	・米国にアメリカンホンダモーターカンパニー・インコーポレーテッドを設立
1960年5月	・鈴鹿製作所稼動開始
7月	・本田技術研究所を当社より分離し，株式会社本田技術研究所を設立
1963年6月	・四輪車生産開始
1964年10月	・タイにアジアホンダモーターカンパニー・リミテッドを設立
11月	・狭山製作所（1973年1月より埼玉製作所狭山工場）稼動開始
1969年3月	・カナダにホンダカナダ・インコーポレーテッドを設立
1970年9月	・狭山製作所第2工場工機部門を当社より分離し，ホンダ工機株式会社（1974年7月よりホンダエンジニアリング株式会社）を設立
12月	・真岡工場（2014年4月よりパワートレインユニット製造部）稼動開始
1971年10月	・ブラジルにホンダモーター・ド・ブラジル・リミターダ（2000年4月よりホンダサウスアメリカ・リミターダ）を設立
1975年7月	・ブラジルにモトホンダ・ダ・アマゾニア・リミターダを設立
1976年3月	・熊本製作所稼動開始
1977年2月	・ADR（米国預託証券）をニューヨーク証券取引所に上場
1978年3月	・米国にホンダオブアメリカマニュファクチュアリング・インコーポレーテッドを設立
1980年2月	・米国にアメリカンホンダファイナンス・コーポレーションを設立
1985年9月	・メキシコにホンダ・デ・メキシコ・エス・エー・デ・シー・ブイを設立
1987年1月	・カナダにホンダカナダファイナンス・インコーポレーテッドを設立
3月	・米国に北米子会社事業の統轄機能を有するホンダノースアメリカ・インコーポレーテッドを設立

1989年8月	・英国に欧州子会社事業の統轄機能を有するホンダモーターヨーロッパ・リミテッドを設立
1992年7月	・タイにホンダカーズマニュファクチュアリング（タイランド）カンパニー・リミテッド（2000年12月よりホンダオートモービル（タイランド）カンパニー・リミテッド）を設立
1996年5月	・アジアホンダモーターカンパニー・リミテッドにアセアン子会社事業の統轄機能を設置
1999年4月	・東京都に株式会社ホンダクレジット（2002年7月より株式会社ホンダファイナンス）を設立
12月	・米国にホンダマニュファクチュアリングオブアラバマ・エル・エル・シーを設立
2000年4月	・ホンダサウスアメリカ・リミターダに南米子会社事業の統轄機能を設置
2002年6月	・埼玉製作所和光工場の四輪車用エンジンの生産を終了し，その生産機能を埼玉製作所狭山工場（2002年10月より埼玉製作所）に移管 （埼玉製作所和光工場跡地については，2004年7月よりHonda和光ビルとして活用）
2004年1月	・中国に中国事業の統轄機能を有する本田技研工業（中国）投資有限公司を設立
2009年9月	・埼玉製作所小川工場稼働開始
2013年7月	・埼玉製作所寄居工場稼働開始
2020年4月	・ホンダエンジニアリング株式会社を合併
2020年7月	・アメリカンホンダモーターカンパニー・インコーポレーテッドが北米子会社事業の統轄機能を有するホンダノースアメリカ・インコーポレーテッドを合併
2021年4月	・ホンダオブアメリカマニュファクチュアリング・インコーポレーテッドがホンダマニュファクチュアリングオブアラバマ・エル・エル・シー，その他6社を合併し，ホンダディベロップメントアンドマニュファクチュアリングオブアメリカ・エル・エル・シーへ名称変更
12月	・埼玉製作所狭山工場の四輪完成車の生産を終了

point 沿革

どのように創業したかという経緯から現在までの会社の歴史を年表で知ることができる。過去に行った重要なM&Aなどがいつ行われたのか，ブランド名はいつから使われているのか，いつ頃から海外進出を始めたのか，など確認することができて便利だ。

当社グループは，当社および国内外382社の関係会社（連結子会社313社，持分法適用会社69社）により構成され，事業別には，二輪事業，四輪事業，金融サービス事業およびパワープロダクツ事業及びその他の事業からなっています。

二輪事業，四輪事業，金融サービス事業およびパワープロダクツ事業及びその他の事業における主要製品およびサービス，所在地別の主な会社は，以下のとおりです。

事業	主要製品およびサービス	所在地	主な会社
二輪事業	二輪車 ATV Side-by-Side 関連部品	日本	当社 ○㈱本田技術研究所 ☆日立アステモ㈱ ☆テイ・エス テック㈱ ☆㈱エフ・シー・シー ☆㈱エイチワン ☆武蔵精密工業㈱
		北米	○アメリカンホンダモーターカンパニー・インコーポレーテッド ○ホンダカナダ・インコーポレーテッド ○ホンダ・デ・メキシコ・エス・エー・デ・シー・ブイ
		欧州	○ホンダモーターヨーロッパ・リミテッド
		アジア	○本田技研工業(中国)投資有限公司 ○ホンダモーターサイクルアンドスクーターインディアプライベート・リミテッド ○ホンダカーズインディア・リミテッド ○アジアホンダモーターカンパニー・リミテッド ○タイホンダカンパニー・リミテッド ○ホンダベトナムカンパニー・リミテッド ☆ピー・ティ・アストラホンダモーター
		その他の地域	○モトホンダ・ダ・アマゾニア・リミターダ
四輪事業	四輪車 関連部品	日本	当社 ○㈱本田技術研究所 ☆日立アステモ㈱ ☆テイ・エス テック㈱ ☆㈱エフ・シー・シー ☆㈱エイチワン ☆武蔵精密工業㈱ ☆㈱ジーテクト
		北米	○アメリカンホンダモーターカンパニー・インコーポレーテッド ○ホンダディベロップメントアンドマニュファクチャリングオブアメリカ・エル・エル・シー ○ホンダカナダ・インコーポレーテッド ○ホンダ・デ・メキシコ・エス・エー・デ・シー・ブイ
		欧州	○ホンダモーターヨーロッパ・リミテッド
		アジア	○本田技研工業(中国)投資有限公司 ○本田汽車零部件製造有限公司 ○ホンダカーズインディア・リミテッド ○ピー・ティ・ホンダプロスペクトモーター ○ホンダ・マレーシア・エスディーエヌ・ビーエイチディー ○アジアホンダモーターカンパニー・リミテッド ○ホンダオートモービル(タイランド)カンパニー・リミテッド ○ホンダベトナムカンパニー・リミテッド ☆広汽本田汽車有限公司 ☆東風本田汽車有限公司 ☆東風本田発動機有限公司
金融サービス事業	金融	日本	○㈱ホンダファイナンス
		北米	○アメリカンホンダファイナンス・コーポレーション ○ホンダカナダファイナンス・インコーポレーテッド
		欧州	○ホンダファイナンスヨーロッパ・パブリックリミテッドカンパニー
		アジア	○ホンダリーシング(タイランド)カンパニー・リミテッド

(point) **オートバイと軽自動車で大ヒット**

1949年に初の二輪車「ドリームD型」を生産開始。 1958年発売の「スーパーカブ」が大ヒット。さらに「N360」（現在のNシリーズ名の由来）の大ヒットで，1967年には軽自動車でシェアトップを獲得。また1964年にはF1に参戦，1965年メキシコGPで初優勝した。国内二輪車市場ではヤマハ発動機との競争が激化，YH戦争と呼ばれた。

事業	主要製品およびサービス	所在地	主な会社
パワープロダクツ事業及びその他の事業	パワープロダクツ 関連部品 その他	日本	当社 ○㈱本田技術研究所 ☆日立アステモ㈱ ☆㈱エフ・シー・シー ☆㈱エイチワン ☆武蔵精密工業㈱
		北米	○アメリカンホンダモーターカンパニー・インコーポレーテッド ○ホンダカナダ・インコーポレーテッド ○ホンダ・デ・メキシコ・エス・エー・デ・シー・ブイ
		欧州	○ホンダモーターヨーロッパ・リミテッド
		アジア	○ホンダカーズインディア・リミテッド ○アジアホンダモーターカンパニー・リミテッド ○タイホンダカンパニー・リミテッド
		その他の地域	○モトホンダ・ダ・アマゾニア・リミターダ

(注) 1　主な会社のうち，複数の事業を営んでいる会社については，それぞれの事業区分に記載しています。

2　パワープロダクツ事業は，2022年4月1日の組織変更により，ライフクリエーション事業が名称変更したものです。

○：連結子会社
☆：持分法適用会社

(point) 事業の内容

　　会社の事業がどのようにセグメント分けされているか，そして各セグメントではどのようなビジネスを行っているかなどの説明がある。また最後に事業の系統図が載せてあり，本社，取引先，国内外子会社の製品・サービスや部品の流れが分かる。ただセグメントが多いコングロマリットをすぐに理解するのは簡単ではない。

事業の系統図は，以下のとおりです。（主な会社のみ記載しています。）

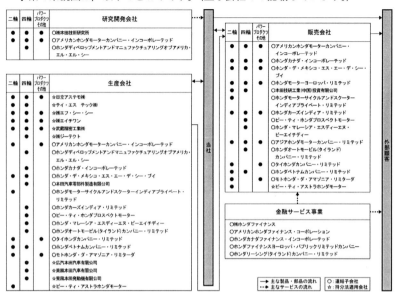

研究開発会社（二輪／四輪／パワープロダクツその他）
- ○㈱本田技術研究所
- ○アメリカンホンダモーターカンパニー・インコーポレーテッド
- ○ホンダディベロップメントアンドマニュファクチュアリングオブアメリカ・エル・エル・シー

生産会社（二輪／四輪／パワープロダクツその他）
- ☆日立アステモ㈱
- ☆ティ・エス テック㈱
- ☆㈱エフ・シー・シー
- ☆㈱エイチワン
- ☆武蔵精密工業㈱
- ☆㈱ジーテクト
- ○アメリカンホンダモーターカンパニー・インコーポレーテッド
- ○ホンダディベロップメントアンドマニュファクチュアリングオブアメリカ・エル・エル・シー
- ○ホンダカナダ・インコーポレーテッド
- ○ホンダ・デ・メキシコ・エス・エー・デ・シー・ブイ
- ○本田汽車零部件製造有限公司
- ○ホンダモーターサイクルアンドスクーターインディアプライベート・リミテッド
- ○ホンダカーズインディア・リミテッド
- ○ピー・ティ・ホンダプロスペクトモーター
- ○ホンダ・マレーシア・エスディーエヌ・ビーエイチディー
- ○ホンダオートモービル(タイランド)カンパニー・リミテッド
- ○タイホンダカンパニー・リミテッド
- ○ホンダベトナムカンパニー・リミテッド
- ○モトホンダ・ダ・アマゾニア・リミターダ
- ☆広汽本田汽車有限公司
- ☆東風本田汽車有限公司
- ☆東風本田発動機有限公司
- ☆ピー・ティ・アストラホンダモーター

販売会社（二輪／四輪／パワープロダクツその他）
- ○アメリカンホンダモーターカンパニー・インコーポレーテッド
- ○ホンダカナダ・インコーポレーテッド
- ○ホンダ・デ・メキシコ・エス・エー・デ・シー・ブイ
- ○ホンダモーターヨーロッパ・リミテッド
- ○本田技研工業(中国)投資有限公司
- ○ホンダモーターサイクルアンドスクーターインディアプライベート・リミテッド
- ○㈱エフ・シー・インディア・リミテッド
- ○ピー・ティ・ホンダプロスペクトモーター
- ○ホンダ・マレーシア・エスディーエヌ・ビーエイチディー
- ○アジアホンダモーターカンパニー・リミテッド
- ○ホンダオートモービル(タイランド)カンパニー・リミテッド
- ○タイホンダカンパニー・リミテッド
- ○ホンダベトナムカンパニー・リミテッド
- ○ホンダ・ダ・アマゾニア・リミテッド
- ☆ピー・ティ・アストラホンダモーター

金融サービス事業
- ○㈱ホンダファイナンス
- ○アメリカンホンダファイナンス・コーポレーション
- ○ホンダカナダファイナンス・インコーポレーテッド
- ○ホンダファイナンスヨーロッパ・パブリックリミテッドカンパニー
- ○ホンダリーシング(タイランド)カンパニー・リミテッド

当社 / 外部顧客

凡例：
→ 主な製品・部品の流れ
‥▶ 主なサービスの流れ
○：連結子会社
☆：持分法適用会社

4　関係会社の状況

（連結子会社）

名称	住所	資本金又は出資金	セグメントの名称	事業形態	議決権の所有割合(%)	役員の兼任等	資金援助	営業上の取引	摘要
			主要な事業の内容			関係内容			
㈱本田技術研究所	埼玉県和光市	百万円 7,400	二輪事業 四輪事業 パワープロダクツ事業及びその他の事業	研究開発	100.0	有	―	当社製品を研究開発している	―
㈱ホンダファイナンス	東京都千代田区	百万円 11,090	金融サービス事業	金融	100.0	有	―	当社製品に関わる販売金融をしている	特定子会社 有価証券報告書を提出している
アメリカンホンダモーターカンパニー・インコーポレーテッド	米国カリフォルニア州トーランス	千米ドル 299,000	二輪事業 四輪事業 金融サービス事業 パワープロダクツ事業及びその他の事業	統轄会社 研究開発 生産販売	100.0	有	―	当社製品を研究開発、製造および販売している	特定子会社 主要な連結子会社 （注2）
アメリカンホンダファイナンス・コーポレーション	米国カリフォルニア州トーランス	千米ドル 1,366,000	金融サービス事業	金融	100.0 (100.0)	有	―	当社製品に関わる販売金融をしている	特定子会社
ホンダディベロップメントアンドマニュファクチュアリングオブアメリカ・エル・エル・シー	米国オハイオ州メアリズビル	千米ドル 561,568	四輪事業	研究開発 生産	100.0 (100.0)	有	―	当社製品を研究開発および製造している	特定子会社
ホンダカナダ・インコーポレーテッド	カナダオンタリオ州マーカム	千カナダ・ドル 226,090	二輪事業 四輪事業 パワープロダクツ事業及びその他の事業	生産販売	100.0 (49.9)	有	―	当社製品を製造および販売している	特定子会社
ホンダカナダファイナンス・インコーポレーテッド	カナダオンタリオ州マーカム	千カナダ・ドル 285,000	金融サービス事業	金融	100.0 (100.0)	有	―	当社製品に関わる販売金融をしている	特定子会社
ホンダ・デ・メキシコ・エス・エー・デ・シー・ブイ	メキシコハリスコ州エルサルト	千メキシコ・ペソ 13,655,652	二輪事業 四輪事業 パワープロダクツ事業及びその他の事業	生産販売	100.0 (99.8)	有	―	当社製品を製造および販売している	特定子会社
ホンダモーターヨーロッパ・リミテッド （注3）	英国ブラックネル	千英ポンド 665,549	二輪事業 四輪事業 金融サービス事業 パワープロダクツ事業及びその他の事業	統轄会社 販売	100.0	有	当社は運転資金を貸付けている	当社製品を販売している	特定子会社
ホンダファイナンスヨーロッパ・パブリックリミテッドカンパニー	英国ブラックネル	千英ポンド 38,251	金融サービス事業	金融	100.0 (100.0)	有	―	当社製品に関わる販売金融をしている	―
本田技研工業(中国)投資有限公司	中国北京市	千米ドル 138,426	二輪事業 四輪事業 パワープロダクツ事業及びその他の事業	統轄会社 販売	100.0	有	―	当社製品を販売している	特定子会社
本田汽車零部件製造有限公司	中国佛山市	千米ドル 200,000	四輪事業	生産	100.0 (100.0)	有	―	当社製品の部品を製造している	特定子会社
ホンダモーターサイクルアンドスクーターインディアプライベート・リミテッド	インドグルグラム	千インド・ルピー 3,100,000	二輪事業	生産販売	100.0 (3.2)	有	―	当社製品を製造および販売している	―
ホンダカーズインディア・リミテッド	インドグレーターノイダ	千インド・ルピー 10,727,973	二輪事業 四輪事業 パワープロダクツ事業及びその他の事業	生産販売	100.0 (19.1)	有	―	当社製品を製造および販売している	特定子会社

名称	住所	資本金又は出資金	主要な事業の内容		議決権の所有割合(%)	関係内容			摘要
			セグメントの名称	事業形態		役員の兼任等	資金援助	営業上の取引	
ピー・ティ・ホンダプロスペクトモーター	インドネシアジャカルタ	千米ドル70,000	四輪事業	生産販売	51.0	有	—	当社製品を製造および販売している	—
ホンダ・マレーシア・エスディーエヌ・ビーエイチディー	マレーシアペゴー	千マレーシア・リンギット170,000	四輪事業	生産販売	51.0	有	—	当社製品を製造および販売している	—
アジアホンダモーターカンパニー・リミテッド	タイバンコク	千タイ・バーツ10,888,908	二輪事業四輪事業金融サービス事業パワープロダクツ事業及びその他の事業	統轄会社販売	100.0	有	—	当社製品を販売している	特定子会社
ホンダリーシング(タイランド)カンパニー・リミテッド	タイバンコク	千タイ・バーツ5,550,000	金融サービス事業	金融	100.0(100.0)	有	—	当社製品に関わる販売金融をしている	特定子会社
ホンダオートモービル(タイランド)カンパニー・リミテッド	タイアユタヤ	千タイ・バーツ5,460,000	四輪事業	生産販売	89.0(25.0)	有	—	当社製品を製造および販売している	特定子会社
タイホンダカンパニー・リミテッド (注4)	タイバンコク	千タイ・バーツ550,000	二輪事業パワープロダクツ事業及びその他の事業	生産販売	72.5(35.3)	有	—	当社製品を製造および販売している	—
ホンダベトナムカンパニー・リミテッド	ベトナムフックイエン	千ベトナム・ドン1,190,822,800	二輪事業四輪事業	生産販売	70.0(28.0)	有	—	当社製品を製造および販売している	—
ホンダサウスアメリカ・リミターダ	ブラジルスマレ	千ブラジル・レアル119,027	二輪事業四輪事業金融サービス事業パワープロダクツ事業及びその他の事業	統轄会社	100.0	有	—	—	特定子会社
モトホンダ・ダ・アマゾニア・リミターダ	ブラジルマナウス	千ブラジル・レアル1,509,632	二輪事業パワープロダクツ事業及びその他の事業	生産販売	100.0(100.0)	有	—	当社製品を製造および販売している	特定子会社
その他290社 (注5,6,7)	—	—	—	—	—	—	—	—	—

(注) 1 議決権の所有割合の( )内は，間接所有割合で内数です。

2 アメリカンホンダモーターカンパニー・インコーポレーテッドは，連結売上収益に占める売上収益（連結会社相互間の内部売上収益を除く。）の割合が10％を超えています。同社の売上収益は所在地別北米セグメントの売上収益（セグメント間の内部売上収益または振替高を含む。）の90％を超えているため，主要な損益情報等の記載を省略しています。（その関係会社を含む。）

3 ホンダモーターヨーロッパ・リミテッドは，債務超過会社であり，2023年3月末時点で債務超過額は82,646百万円です。

4 タイホンダカンパニー・リミテッドは，当連結会計年度において，タイホンダマニュファクチュアリングカンパニー・リミテッドが商号変更したものです。

5 その他に含まれる会社のうち特定子会社に該当する会社は，以下のとおりです。

ホンダエアロ・インコーポレーテッド，ホンダエアクラフトカンパニー・エル・エル・シー，ホンダバンク・ゲー・エム・ベー・ハー，ホンダターキー・エー・エス，ピー・ティ・ホンダ・プレシジョン・パーツ・マニュファクチュアリング，ホンダフィリピンズ・インコーポレーテッド，台湾本田股份有限公司，ホンダモトール・デ・アルヘンティーナ・エス・エー，バンコホンダ・エス・エー，ホンダオートモーベイス・ド・ブラジル・リミターダ，ホンダコンポーネンツ・ダ・アマゾ

ニア・リミターダ

6　その他に含まれる債務超過会社の債務超過額は，2023年3月末時点で，以下のとおりです。

ホンダエアロ・インコーポレーテッド	50,595百万円
	（その関係会社の持分相当額を含む。）
ホンダエアクラフトカンパニー・エル・エル・シー	189,685百万円
ホンダオートモーベイス・ド・ブラジル・リミターダ	60,493百万円
	（その関係会社の持分相当額を含む。）
ユー・エス・ヤチヨ・インコーポレーテッド	15,822百万円

7　その他290社の内訳は国内の二輪販売会社2社，四輪販売会社21社，その他の国内連結子会社44社およびその他の海外連結子会社223社です。

（持分法適用会社）

名称	住所	資本金又は出資金	主要な事業の内容		議決権の所有割合（％）	関係内容			摘要
			セグメントの名称	事業形態		役員の兼任等	資金援助	営業上の取引	
日立アステモ㈱	東京都千代田区	百万円 51,500	二輪事業四輪事業パワープロダクツ事業及びその他の事業	生産	33.4	有	―	当社製品の部品を製造している	―
テイ・エス　テック㈱	埼玉県朝霞市	百万円 4,700	二輪事業四輪事業	生産	24.2 (0.1)	有	―	当社製品の部品を製造している	有価証券報告書を提出している
㈱エフ・シー・シー	静岡県浜松市	百万円 4,175	二輪事業四輪事業パワープロダクツ事業及びその他の事業	生産	21.9	無	―	当社製品の部品を製造している	有価証券報告書を提出している
㈱エイチワン	埼玉県さいたま市	百万円 4,366	二輪事業四輪事業パワープロダクツ事業及びその他の事業	生産	21.7	無	―	当社製品の部品を製造している	有価証券報告書を提出している
武蔵精密工業㈱	愛知県豊橋市	百万円 5,458	二輪事業四輪事業パワープロダクツ事業及びその他の事業	生産	25.1	無	―	当社製品の部品を製造している	有価証券報告書を提出している
㈱ジーテクト	埼玉県さいたま市	百万円 4,656	四輪事業	生産	30.3	無	―	当社製品の部品を製造している	有価証券報告書を提出している
広汽本田汽車有限公司	中国広州市	千米ドル 541,000	四輪事業	生産	50.0 (10.0)	有	―	当社製品を製造している	―
東風本田汽車有限公司	中国武漢市	千米ドル 1,448,000	四輪事業	生産	50.0 (10.0)	有	―	当社製品を製造している	―
東風本田発動機有限公司	中国広州市	千米ドル 121,583	四輪事業	生産	50.0 (10.0)	有	―	当社製品の部品を製造している	―
ピー・ティ・アストラホンダモーター	インドネシアジャカルタ	千インドネシア・ルピア 185,000,000	二輪事業	生産販売	50.0	有	―	当社製品を製造および販売している	―
その他59社 （注2）	―	―	―	―	―	―	―	―	―

（注）1　議決権の所有割合の（　）内は，間接所有割合で内数です。

(point) 関係会社の状況

主に子会社のリストであり，事業内容や親会社との関係についての説明がされている。特に製造業の場合などは子会社の数が多く，すべてを把握することは難しいが，重要な役割を担っている子会社も多くある。有報の他の項目では一度も触れられていない場合が多いので，気になる会社については個別に調べておくことが望ましい。

2 その他59社の内訳は国内の四輪販売会社4社，その他の国内持分法適用会社16社およびその他の海外持分法適用会社39社です。

5　従業員の状況

（1）　連結会社の状況 ・・・

セグメントの名称	従業員数(名)		
	前連結会計年度 (2022年3月31日)	当連結会計年度 (2023年3月31日)	増減
二輪事業	46,448 (12,100)	45,813 (11,433)	△635 (△667)
四輪事業	146,092 (12,370)	139,999 (11,212)	△6,093 (△1,158)
金融サービス事業	2,321 (74)	2,340 (63)	19 (△11)
パワープロダクツ事業 及びその他の事業	9,174 (2,525)	8,887 (2,541)	△287 (16)
合計	204,035 (27,069)	197,039 (25,249)	△6,996 (△1,820)

（注）　従業員数は就業人員です。また，（　）内に臨時従業員の平均人数を外数で記載しています。

（2）　提出会社の状況 ・・・

		前事業年度 (2022年3月31日)	当事業年度 (2023年3月31日)	増減
従業員数	（名）	34,067 (2,794)	33,065 (2,309)	△1,002 (△485)
平均年齢	（歳）	44.7	44.7	―
平均勤続年数	（年）	22.2	22.0	△0.2
平均年間給与	（千円）	7,787	8,221	434

セグメントの名称	従業員数(名)		
	前事業年度 (2022年3月31日)	当事業年度 (2023年3月31日)	増減
二輪事業	5,334 (642)	5,307 (764)	△27 (122)
四輪事業	27,949 (2,080)	26,993 (1,497)	△956 (△583)
パワープロダクツ事業 及びその他の事業	784 (72)	765 (48)	△19 (△24)
合計	34,067 (2,794)	33,065 (2,309)	△1,002 (△485)

（注）1　従業員数は就業人員です。また，（　）内に臨時従業員の平均人数を外数で記載しています。

　　　2　平均年間給与は，賞与および基準外賃金を含んでいます。

（3）　労働組合の状況 ···

　提出会社，連結子会社ともに，労使関係は安定しており特記すべき事項はありません。

提出会社の状況

　労働組合名　本田技研労働組合

　　　　　　　（全日本自動車産業労働組合総連合会に加盟）

　組合員数　　29,343名

事業の状況

1 経営方針，経営環境及び対処すべき課題等

文中の将来に関する事項は，有価証券報告書提出日（2023年6月23日）現在において，当社，連結子会社および持分法適用会社（以下「当社グループ」という。）が判断したものであり，将来生じうる実際の結果と大きく異なる可能性もあります。詳細は「3 事業等のリスク」を参照ください。

（1）経営方針・経営戦略等 …………………………………………………

当社グループは，「人間尊重」と「三つの喜び」（買う喜び，売る喜び，創る喜び）を基本理念としています。「人間尊重」とは，自立した個性を尊重しあい，平等な関係に立ち，信頼し，持てる力を尽くすことで，共に喜びをわかちあうという理念であり，「三つの喜び」とは，この「人間尊重」に基づき，お客様の喜びを源として，企業活動に関わりをもつすべての人々と，共に喜びを実現していくという信念であります。

こうした基本理念に基づき，「わたしたちは，地球的視野に立ち，世界中の顧客の満足のために，質の高い商品を適正な価格で供給することに全力を尽くす」という社是を実践し，株主の皆様をはじめとするすべての人々と喜びを分かち合い，企業価値の向上に努めていきます。

当社グループは，世の中に「存在を期待される企業」であり続けるため，「すべての人に，"生活の可能性が拡がる喜び"を提供する」ことを2030年ビジョンとして掲げ，企業活動を行っています。年間3,000万人規模の製品を供給する世界一のパワーユニットメーカーとして「環境」と「安全」に徹底的に取り組むとともに，新たな価値創造として，複合型ソリューションや新領域へのチャレンジに全社一丸となって取り組んでいます。また，こうした事業ポートフォリオの変革に向けた投入資源を生み出すためにも，さらなる事業体質の強化をはかっていきます。

21世紀の方向性

「存在を期待される企業」

▲

2030年ビジョン

「すべての人に、"生活の可能性が拡がる喜び"を提供する」

▲

全社戦略	地球環境負荷ゼロ	交通事故死者ゼロ	新たな価値創造
	Triple Action to ZEROによる環境負荷ゼロの循環型社会の実現	先進安全技術の進化、安全教育の拡大等を通じた交通事故死者ゼロ社会の実現	複合型ソリューションの提供 新領域へのチャレンジ

事業体質の強化

事業戦略	四輪事業	二輪事業	パワープロダクツ事業ほか

財務戦略	企業価値向上に向けた 事業ポートフォリオの変革を実行するリソースマネジメント

(2) 経営環境 ‥‥‥‥‥‥‥‥‥‥‥‥‥‥‥‥‥‥‥‥‥‥‥‥‥‥‥‥‥‥‥‥

　当社グループを取り巻く経営環境は，大きな転換期を迎えています。価値観の多様化や，高齢化の進展，都市化の加速，気候変動の深刻化，さらに電動化，自動運転化，ＩoTといった技術の進化による産業構造の変化が，グローバルレベルで進んでいます。新型コロナウイルス感染症の影響により，日々の生活環境や慣習は大きく変化し，また，世界の分断が加速し，地政学的リスクも顕在化しています。さらには，企業活動に関わるすべてのステークホルダーと，長期的な社会課題を解決するための，積極的な関係構築も求められています。将来の成長に向けては，提供価値の質の向上に取り組むことが不可欠です。

　四輪事業では，コネクテッド，自動化，シェアリング，電動化といった技術革新によって，100年に一度といわれる大変革期に直面しています。安心で自由な移動という普遍的な価値に加え，統合化されたサービスやカスタマイズによる新たな体験が求められています。また，世界的に環境規制の一層の強化が進む中，自動車業界においてはEV（電気自動車）事業拡大に伴い，資源の争奪競争が激

しくなることが想定されます。このような不透明な環境下においても「電動化」や「安全への取り組み」を確実に進めるために，「事業体質の強化」に取り組んでいきます。

二輪事業は，世界的に環境規制の強化が進む中，先進国に続き，一部の新興国でも電動化の政府目標が発信され，変化の兆しが出てきています。このような事業環境変化や地域特性の中でも，多面的・多元的なアプローチに取り組み，カーボンニュートラルの実現をめざします。また，安全については，車両単体の安全技術適用のみならず，インフラとの連携や安全運転普及活動にもさらに力を入れて取り組んでいきます。

パワープロダクツ事業及びその他の事業は，労働人口の減少や作業者の高齢化により，「もっと安全に」「もっと簡単に」使える作業機の進化が求められています。当社グループは作業機と同時に，センサーや知能化などの技術を進化させるために，プロや熟練作業者のノウハウを収集・データ化し，作業機と連携させて，作業の質を向上させていきます。また，脱炭素へ向けては，エンジンからバッテリーへの単純な置き換えだけでなく，お客様にとって何がベストかを考えながら，さまざまな可能性にアプローチしていきます。

(3)　優先的に対処すべき課題 ··

経営環境を踏まえ，当社グループが持続的な成長を続け，気候変動をはじめとしたさまざまな社会の課題解決に貢献するために，当社グループならではの価値提供の実現に向け，以下の課題に取り組んでいきます。

＜価値創造へ向けた取り組み＞

① 　地球環境負荷ゼロ

当社グループは2050年に，製品だけでなく企業活動を含めたライフサイクルでの環境負荷ゼロをめざします。その柱となるのが，「カーボンニュートラル」「クリーンエネルギー」「リソースサーキュレーション」の3つです。（Triple Action to ZERO）

カーボンニュートラルの取り組み

四輪事業はカーボンフリーを達成するため，「先進国全体でのEV，FCV（燃料

電池自動車）の販売比率を2030年に40％，2035年には80％」，そして「2040年には，グローバルで100％」をめざします。

この実現に向けては，市場変化に合わせたラインアップ展開とバッテリーの安定調達が重要な課題です。

ラインアップ展開においては，EV普及の拡大期にある，現在から2020年代後半にかけて，主要市場となる北米・中国・日本など，地域ごとの市場特性に合わせた商品投入を進めていきます。

地域	投入する商品
北米	ゼネラルモーターズ（GM）と共同開発モデルを2024年に2機種投入予定 （Hondaブランド：Ｐｒｏｌｏｇｕｅ，Acuraブランド：ＺＤＸ） Honda独自のＥＶ専用プラットフォームをベースとした中大型ＥＶを2025年に投入予定
中国	2027年までに、10機種のＥＶを投入予定
日本	2024年中にＮ－ＶＡＮベースの軽商用ＥＶを投入 その後、2025年にＮ－ＯＮＥベースのＥＶ、2026年に2機種の小型ＥＶを投入予定

また，EVの普及期に入っていると推察される2020年代後半以降は，「各地域ベスト」から進化し，「グローバル視点でベスト」なEVを展開していきます。2030年までに軽商用からフラッグシップクラスまで，グローバルで年間200万台を超える生産を計画しています。

バッテリーの安定調達に向けては，現在から2020年代後半までは外部パートナーシップの強化により，液体リチウムイオン電池の安定的な調達量の確保をめざします。

地域	方針
北米	ゼネラルモーターズ（GM）から「アルティウム」を調達 ＬＧエナジーソリューションとのＥＶ用バッテリー生産合弁会社から調達
中国	寧徳時代新能源科技股份有限公司（ＣＡＴＬ）との連携をさらに強化
日本	軽ＥＶ向けに、エンビジョンＡＥＳＣから調達

2020年代後半には，EV拡大期に合わせ，次世代電池技術の独自開発にチャレンジしていきます。（株）GSユアサとの協力関係においては，10年にわたり協業を進めてきたハイブリッド用電池の次のステージとして，高容量・高出力なEV用リチウムイオンバッテリーの開発に着手し，展開を進めていきます。また，半固体電池では，SESAIコーポレーションへの出資を通じた共同開発を進めると共に，全固体電池は独自開発に向けた研究を進め，2024年には実証ラインを立上げ，より一層取り組みを加速していきます。

これらの調達や開発の領域に加え，長期的視点では，資源確保からリソースサー

キュレーションを含めた，新たなバリューチェーンの構築に取り組んでいきます。重要鉱物の確保において阪和興業株式会社とPOSCOホールディングス，リサイクルの観点からは，アセンド・エレメンツやサーバ・ソリューションズとパートナーシップを締結しています。

　バッテリー領域においては，各領域における戦略的パートナーシップにより，「当社グループをハブとした，強固なバリューチェーンを構築」し，各パートナーとの共存共栄をはかることで，サステナブルな事業基盤の構築と，競争力の強化をはかっていきます。

　二輪事業においては，2050年カーボンニュートラルの達成をめざして，製品領域における電動製品の販売比率目標値を段階的に設定し，取り組みを加速します。具体的には2026年までに100万台，2030年には販売構成比の約15％にあたる年間350万台レベルの電動車販売を目標に掲げ，ICE（内燃機関）の進化と電動化で2040年代にカーボンフリー製品100％をめざします。

　二輪車は販売の中心が新興国であり，エネルギー需給，雇用，生活の利便性など各国・地域の社会ニーズが複雑なため，二輪車の利便性とカーボンニュートラルのバランスをとることが課題と考えています。電動車の展開に加えて，ICE車の大幅な燃費改善技術など，多面的・多元的なアプローチでカーボンニュートラルに取り組んでいきます。

　電動車においては，各市場の特性に合わせ，電動商品をカテゴリーごとに展開していきます。

商品分類	取り組み内容
コミューター EV	コネクテッドとＢａａＳ（バッテリーアズアサービス）に対応したパーソナル向けコミューターEVを2024年から2025年にアジア，欧州，日本で2モデル市販予定
コミューター EM／EB*	手軽に電動車を利用したいというニーズに対応する，よりコンパクトでお求めやすい価格の電動車。中国，アジア，欧州，日本の各市場特性に合わせて投入予定 2024年までにEM／EBを計5モデル展開予定
FUN EV	大型FUN EVモデルのプラットフォームの開発 2024年から2025年までに日本，米国，欧州に計3モデル投入予定

※　EM：Electric Moped（電動モペッド），最高速度25km／h～50km／hのカテゴリー。
　　EB：Electric Bicycle（電動自転車），最高速度25km／h以下のカテゴリー。
　　電動アシスト自転車は含まない。

　2025年までに，コミューターとFUNモデルをあわせて合計10モデル以上の新規電動車の投入を計画しています。

(point) モデルチェンジだけでは売れない時代に

　今後は欧州車（排気量ダウンサイズ＆ターボ装着）や小型ディーゼルエンジン，PHV/EVなど，消費者を魅了する新技術と優れたデザインが最も求められる。競争激化で常に魅力的な新車が現れ，これまでのようにモデルチェンジだけで売れる時代は終わり，環境性能向上のための機能を新型車で搭載し続けられるかが重要になってくる。

ICE車においては，燃費向上の取り組みとして，熱効率向上や低フリクション技術によるエンジン単体の燃費向上技術のほかに，車両トータルでの燃費を向上させる技術を開発しています。さらに地域特性を考慮して，ガソリンにエタノールなどを混合したカーボンニュートラル燃料対応技術にも取り組んでいきます。

パワープロダクツ事業においては，先進国をターゲットに電動製品を投入し，プレゼンスの確立をめざします。高いプレゼンスを持っているエンジン歩行芝刈機などの完成機においても，電動化を進め，エンジン製品と変わらない強みをお客様に提供していきます。また，エンジン販売で高シェアを有する建設業界の法人様をターゲットに，電動パワーユニットの販売とその搭載支援を提供することで，小型建機メーカー様の電動化を後押ししていきます。電動商品の展開においては，従来通りの販売・アフターサービスだけでなく，法人様の業務効率改善，投資抑制をはかることで，事業運営への貢献をめざします。

詳細については，「2　サステナビリティに関する考え方及び取組」を参照ください。

②　交通事故死者ゼロ

当社グループは，2050年に全世界で当社グループの二輪車・四輪車が関与する交通事故死者ゼロをめざします。また，マイルストーンとして2030年に全世界で当社グループの二輪車・四輪車が関与する交通事故死者半減をめざします。

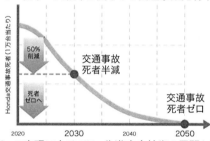

交通事故死者ゼロの実現に向けては，先進安全技術の展開と開発の強化に加え，交通安全の教育活動やインフラ，政策への働きかけなどが課題であると考えています。

当社グループは，全方位安全運転支援システム「Honda SENSING 360」の普及や，すべての人に安全教育の機会を提供する活動などに取り組み，ハード・ソ

---

point 積極チャレンジでも苦戦が続く欧州市場

欧州四輪車事業は好調な米国とは対照的に，ブランド認知度の低さや販売網の弱さ，低市場シェアなどの構造的課題を抱えてきた。このような課題の解消に向けて，2012年末に新型ディーゼルエンジン搭載の「CR-V」と「シビック」を，2013年末には欧州専用車「シビック・ツアラー」を投入したが，まだ効果は出ていないようだ。

フト両面で，事故のない社会の実現をリードしていきます。

　詳細については，「2　サステナビリティに関する考え方及び取組」を参照ください。

③　**新たな価値創造**

1.　複合型ソリューションの提供

　　当社グループは，製品単体にとどまらずさまざまな製品が連鎖し，領域を超えてつながることで，より大きな価値を提供することをめざします。そのためには，電動モビリティやその他製品を「端末」と位置づけ，各製品に蓄えられたエネルギーや情報を，ユーザーや社会とつなげる技術と枠組みの構築が課題と考えています。

　　当社グループは，クロスドメインでのコネクテッドプラットフォーム構築に取り組み，価値を創出していきます。バッテリーをはじめとした電動領域，そしてソフトウェア，コネクテッド領域については，今後開発を加速するために，外部からの採用強化も含め，開発能力の強化をはかっていきます。

2.　新領域のチャレンジ

　　当社グループの研究開発子会社である（株）本田技術研究所は，環境負荷ゼロ社会と事故のない社会の実現に向けた先行技術の研究に加え，モビリティの可能性を三次元，四次元に拡大していくために，空，海洋，宇宙，そしてロボットなどの研究を進めています。具体的なテーマとして，「eVTOL」「アバターロボット」「宇宙領域へのチャレンジ」に取り組んでおり，燃焼・電動・制御・ロボティクス技術といった当社グループが培ってきたコア技術を活用すること

(point) **次世代車で高い技術力を保持**

　HEV（ハイブリッド電気自動車）では，ホンダなどの日系メーカーが先行して量産に踏み切って関連特許を囲い込み，他メーカーが容易に追随できないような参入障壁を築いた。これにより，トヨタ，ホンダなどは当面の間，技術優位性を維持するとともに，市場シェアの大部分を手に入れた。日本で出願された水素貯蔵・圧縮関連技術に

で，新領域においても人々の生活の可能性を拡げる喜びの実現にチャレンジしていきます。

④ **財務戦略**

当社グループは，資源の適切な配分を通じて，事業ポートフォリオの変革を加速させ，企業価値向上の実現をめざします。

この実現に向けては，「事業体質の強化」「新たな価値創造を加速する資源投入」「資本効率の向上」が課題と考えています。

1. 事業体質の強化

当社グループは，「事業ポートフォリオの変革」の実現のために，「事業体質の強化」に全社一丸となって取り組んでいます。

四輪事業は，プラットフォームのレイアウト統合や部品共用化などを実現する「Honda アーキテクチャー」の導入や生産能力の適正化，グローバルモデルの派生削減などを進めています。二輪事業では，カテゴリー・排気量・車格をまたいだ仕様・部品の共通化に取り組んでいます。これらの取り組みの結果，収益体質は確実に改善してきています。

新型コロナウイルス感染症の影響や地政学的リスクの顕在化など，依然として先行きが不透明な事業環境ではあるものの，これまで構築した体質をさらに強化することで，2025年度においては，ROS（売上高営業利益率）7％以上の達成を見込んでいます。

2. 新たな価値創造を加速する資源投入

当社グループは，「事業ポートフォリオの変革」に向けた資源投入として，2021年度からの10年間で約8兆円の研究開発費を計画しています。その主な投入先は，「電動化・ソフトウェア領域」に約3.5兆円，「新たな成長の仕込み」に約1兆円となります。電動化・ソフトウェア領域については，EV専用工場の建設やバッテリーの安定調達に向けたEV用バッテリー生産合弁会社の設立など，2021年度からの10年間で約1.5兆円の投資を現時点で計画しており，研究開発費と合わせて総額約5兆円を資源投入していきます。

3. 資本効率の向上

事業ポートフォリオの変革を支えるリソースマネジメントのため，ROIC（投

関わる特許総合力ランキングではトヨタ1位，ホンダ2位，米国での燃料電池技術に関わる特許総合力ランキングではGMが1位，ホンダが2位だ。

下資本利益率）を活用し，資本コストを意識した経営を強化します。事業別には，事業構造に応じた最適な管理指標を活用し，資本コストを上回るリターンの持続的な創出に努めます。二輪・四輪・パワープロダクツ事業などの，金融を除く事業領域では，ROICにより，変革実行のための原資創出を財務管理の面からリードします。ROICの分子である利益を最大化するとともに，保有する資産の徹底的な活用や必要投資の見極めを通じて分母の投下資本を最適化することで，資本効率を高め，変革を支える原資創出の最大化をめざします。

　なお，成果の配分については，株主の皆様に対する利益還元を，経営の最重要課題の一つとして位置づけており，長期的な視点に立ち将来成長に向けた内部留保資金や連結業績などを考慮しながら決定していきます。配当は，連結配当性向30％を目安に安定的・継続的に行うよう努めていきます。また，資本効率の向上および機動的な資本政策の実施などを目的として自己株式の取得も適宜実施していきます。

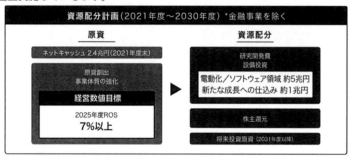

＜価値創造を支える取り組み＞

① 知的資本

　当社グループでは，開発，事業，知財・標準化を一体として連携させ，価値創造ストーリーにおける知的資本に関する資源投入を戦略的に行っていきます。知的資本の活用プロセスでは，外部環境認識・分析および自社戦略に基づき，知的資本を投入し，新領域における特許ポートフォリオの拡充をはかっていきます。構築されたポートフォリオを活用し，各種知財戦略の立案・実行を通じて，提供する価値の質の向上や取り組みの質向上をめざしていきます。

(point) アジアの成長を取り込みたい

　地域別の売上と営業利益では金融事業を含む北米が最大で生命線といえる。利益面での貢献度が低かった日本も円安効果などで追いついてきたが，ホンダの主力市場は海外である。四輪車・金融事業の北米と，二輪車事業中心のアジア・その他地域が軸だ。成熟化している北米市場に代わり，アジアの成長が大きく期待されている。

② 品質

　当社グループでは「桁違いに高い品質」の実現をめざしています。業界を取り巻く環境は，特に「環境」「安全」，そして「知能化」への対応を巡って，今まで以上に大きな転換期を迎えようとしています。当社グループは，今後パワートレインの電動化，交通事故ゼロ社会の実現に向けた安全運転支援技術の導入を加速し，オープンイノベーションを通じた「新たな価値」の創造に向けチャレンジしていきます。そのため，当社グループは「移動」と「暮らし」の進化に合わせ，お客様とのあらゆる接点においてトラブルを減らすことをめざし，各領域で質を追求し，桁違いに高い品質を実現する活動を進化させていきます。

③ サプライチェーンマネジメント

　当社グループは，世界中に存在するお取引先とともに，サステナブルな取り組みを積極的に進めていくことで，「存在を期待される企業」として，地域社会と共存共栄するサプライチェーンの実現をめざしています。具体的には，世界中のサプライヤーとともに，環境，安全，人権，コンプライアンス，社会的責任などに配慮し，「Hondaフィロソフィー」をベースとして，公平，公正，かつ透明性の高い取引を継続して行っていきます。さらには，重点課題である低炭素への取り組みステップを表した「購買環境グランドデザイン」を策定し，すべてのサプライヤーと共有・同意のもと，ともに低炭素サプライチェーンの実現に取り組んでいきます。

　その他の＜価値創造を支える取り組み＞の詳細については，「2　サステナビリティに関する考え方及び取組」「4　コーポレート・ガバナンスの状況等」を参照ください。

　以上のような企業活動全体を通した取り組みを行い，株主，投資家，お客様をはじめ，広く社会から「存在を期待される企業」となることをめざしていく所存でございます。

2　サステナビリティに関する考え方及び取組

　文中の将来に関する事項は，有価証券報告書提出日（2023年6月23日）現在において当社グループが判断したものであり，将来生じうる実際の結果と大きく

(point) 生産及び販売の状況

　生産高よりも販売高の金額の方が大きい場合は，作った分よりも売れていることを意味するので，景気が良い，あるいは会社のビジネスがうまくいっていると言えるケースが多い。逆に販売額の方が小さい場合は製品が売れなく，在庫が増えて景気が悪くなっていると言える場合がある。

異なる可能性もあります。詳細は「3　事業等のリスク」を参照ください。

（1）　ガバナンス及びリスク管理 ···

①　ガバナンス

　当社グループは，内外環境認識を踏まえた全社の方向性と，コーポレートとして取り組むべき重要課題を合意することを目的として，「コーポレート統合戦略会議」を設定しており，その中でサステナビリティ課題への方針や取り組みの議論・検討を行っています。

　また，モビリティカンパニーとして最重要課題である環境安全領域のさらなる推進強化として，「世界環境安全戦略会議」を設定しています。環境領域の戦略には気候変動対応も含まれており，世界環境安全戦略会議において定めたCO_2排出量の削減目標については，取締役会で決定されています。

　これらの会議体は最高経営責任者が議長を務めており，検討された重要課題を踏まえて，経営会議や取締役会で全社戦略を決定し，各本部・統括部，各子会社の方針・施策として実行しています。

サステナビリティマネジメント体制

②　リスク管理

　「Honda グローバルリスクマネジメント規程」を制定し，リスクを能動的にコントロールすることで，「持続的成長」や「経営の安定化」につながる活動を行っています。

　リスクマネジメントオフィサー監視，監督のもと，当社グループの有形・無形の資産，企業活動，ステークホルダーに重大な被害・損失を与え，企業経営に影響をもたらす可能性があるものと定義したリスクを分類・管理・対応しています。各組織でリスクの特定・評価を実施し，その評価結果をもとに各本部のリスクマネジメントオフィサーが「本部重点リスク」を特定しています。

(point) **北米は好調でも新興国に課題**

　2001年には日本で小型車FITを発売開始，2002年には軽自動車を除くコンパクトカーで30年以上日本の販売トップだったトヨタのCorollaを上回った。2000年代は米国を中心とした北米事業が収益をけん引。米国シェアは2000年の約6％から2009年には約11％まで拡大。一方で新興国ではアセアンを除くと，シェア5％以下である。

また，社内のリスク認識に加え社外のリスクトレンドも反映し，コーポレートとして重要なリスクを「全社重点リスク」として特定し，対応状況の確認・議論を行っています。リスクマネジメントに関する重要事項については，リスクマネジメント委員会で審議しており，実施内容については経営会議で適宜報告されています。気候変動に起因する環境規制に関わるリスクや自然災害等リスクについてもこの管理・監視項目の中で把握し，組織特性を踏まえたより効果的なリスクマネジメント活動の展開をはかっています。例えば，規制リスクは，既存の規制のみならず新規の規制に関しても管理を行っています。

(2)　重要な戦略並びに指標及び目標

①　戦略

　世の中に「存在を期待される企業」であり続けるため，当社グループは「すべての人に，"生活の可能性が拡がる喜び"を提供する」ことを2030年ビジョンとして掲げ，これまでのビジネスに加え，新たな価値創造に向けて全社一丸となって取り組んでいきます。

　その中でも，年間3,000万人規模の製品を供給する世界一のパワーユニットメーカーとして「環境」と「安全」に徹底的に取り組んでいます。

＜環境戦略＞

Triple Action to ZERO（環境負荷ゼロの循環型社会の実現に向けた取り組み）

　当社グループは2050年に，製品だけでなく企業活動を含めたライフサイクルでの環境負荷ゼロをめざします。

　その柱となるのが，「カーボンニュートラル」「クリーンエネルギー」「リソースサーキュレーション」の3つです（Triple Action to ZERO）。この取り組みによって，可能な限り地球資源の消費を抑制し，環境負荷ゼロの循環型社会の実現をめざします。

カーボンニュートラル（二酸化炭素排出量実質ゼロ）

　「気候変動問題」への対応として，企業活動，および，製品ライフサイクル観点から排出されるCO_2に対し，産業革命以前と比較した地球の平均気温上昇を1.5℃に抑える目標の達成をめざします。企業活動からのCO_2排出量低減

(point) **対処すべき課題**

　有報のなかで最も重要であり注目すべき項目。今，事業のなかで何かしら問題があればそれに対してどんな対策があるのか，上手くいっている部分をどう伸ばしていくのかなどの重要なヒントを得ることができる。また今後の成長に向けた技術開発の方向性や，新規事業の戦略ついての理解を深めることができる。

に向けて，生産効率向上，省エネルギー施策の導入，低炭素エネルギーへの転換，再生可能エネルギーの活用を推進していきます。製品使用時のCO2排出量低減に向けて，電動化をはじめとした環境革新技術の投入やエネルギーの多様化対応，トータルエネルギーマネジメントといった取り組みを推進していきます。

クリーンエネルギー（カーボンフリーエネルギー活用率100%）

　「エネルギー問題」への対応として，これまでのエネルギーのリスクを減らす取り組みを超えて，企業活動，および，製品使用において使用されるエネルギーをすべてクリーンなエネルギーにすることをめざします。企業活動における再生可能エネルギーの活用において，地域社会のCO2低減に直接的に貢献できる方法を優先して採用していきます。具体的には新たに再生エネルギーを活用した発電設備を設置することに重点を置き，自社敷地内への設置から検討を始め，順次敷地外まで範囲を広げて活用拡大に取り組んでいます。

リソースサーキュレーション（サステナブルマテリアル使用率100%）

　「資源の効率利用」への対応として，バッテリーのリユースやリサイクルをはじめとした，マテリアル・リサイクルに関する研究を進めます。これまでの，資源と廃棄におけるリスクを減らす取り組みを超えて，環境負荷のない持続可能な資源を使用した製品開発に挑戦します。

＜安全戦略＞

先進国の交通事故ゼロに向けた対応

　先進国においては2030年までに，全方位安全運転支援システム「Honda SENSING 360」や，歩行者保護・衝突性能の強化・先進事故自動通報（歩行者事故を含む）などの死亡事故シーンを100%カバーする技術を，四輪車全機種へ適用することをめざします。

新興国の交通事故死者ゼロに向けた対応

　新興国においては2030年までに，二輪車・四輪車双方への安全技術をすべての機種へ展開するとともに，すべての人に安全教育の機会を提供することをめざします。二輪車の安全技術については，先進ブレーキ，視認性・被視認性を備えた灯火器を，より多くの二輪車に搭載していきます。また二輪車と四輪

(point) **燃料電池自動車開発で先行**

　2013年に新型のHonda FCEV（燃料電池自動車）を公開。独自技術で従来型より約33%の小型化を達成。同コンセプトをベースにしたFCEVを2015年以降に発売する予定だ。さらに2020年頃に向けて，燃料電池システムと水素貯蔵タンクをGMと共同開発して，本格普及を推進する。

車の双方を担う当社グループの特長を活かした共存技術である，二輪検知機能付き「Honda SENSING」を，2021年の「VEZEL」以降の四輪車の新型モデルに順次投入しております。

全世界の交通事故死者ゼロに向けた対応

一人ひとりの能力や状態に合わせ，運転ミスやリスクを減らし安全・安心な運転へと誘導できる世界初（注1）のAI活用による「知能化運転支援技術」（注2）と，すべての交通参加者である人とモビリティが通信でつながることで，事故が起きる手前でリスクの予兆・回避をサポートする「安全・安心ネットワーク技術」により，当社グループが目標に掲げる「2050年に全世界で当社グループの二輪車・四輪車が関与する交通事故死者ゼロ」の実現をめざします。

（注）1　当社調べ
　　　2　AIを活用したリスクとの因果関係を視点の特徴量から求めた独自の注意推定モデル

②　指標及び目標

＜環境戦略＞

Triple Action to ZERO の実行

当社グループは，「環境負荷ゼロ」の循環型社会の実現に向けて，2050年に当社グループの関わるすべての製品と企業活動を通じて，カーボンニュートラルをめざしています。その着実な実現に向けて，企業活動領域においてはCO_2総排出量（Scope1,2）を指標とし，2030年に2019年度比で46％削減する目標を設定し進めています。製品領域においては電動製品の販売比率（注1）を指標とし段階的な目標として，2030年に二輪車15％，四輪車30％，パワープロダクツ36％の目標を設定し取り組みを加速します。

＜安全戦略＞

交通事故死者を2030年に半減（注2），2050年にゼロへ

当社グループは，2050年に全世界で当社グループの二輪車・四輪車が関与する交通事故死者ゼロをめざします。またマイルストーンとして2030年に全世界で当社グループの二輪車・四輪車が関与する交通事故死者半減をめざします。これらは新車だけでなく市場に現存するすべての当社グループ二輪車・四輪車を対象にしています。

（注）1　二輪車は電動モーターサイクル（BEV）と電動自転車（EB），四輪車はBEVと燃料電池自動車（FCV），

(point) 事業等のリスク

「対処すべき課題」の次に重要な項目。新規参入により長期的に価格競争が激しくなり企業の体力が奪われるようなことがあるため，その事業がどの程度参入障壁が高く安定したビジネスなのかなど考えるきっかけになる。また，規制や法律，訴訟なども企業によっては大きな問題になる可能性があるため，注意深く読む必要がある。

パワープロダク ツは電動製品の比率。

2　2020年比で2030年に全世界で当社グループの二輪車・四輪車が関与する1万台当たりの交通事故死者数を半減。

（3）　人的資本（人材の多様性を含む。）に関する戦略並びに指標及び目標‥‥‥‥

①　戦略

＜ヒト・組織戦略ビジョン＞

　　100年に一度といわれる大変革期を勝ち抜くために，当社グループは現在の事業環境を「第二の創業期」と位置づけ，「新たな成長・価値創造を可能とする企業への変革」に向けた取り組みを進めています。

　　ヒト・組織戦略においても，「企業変革を加速させるヒト・カルチャーへの進化」というビジョンを掲げ，「自立した個」である従業員の強い想いや情熱，チャレンジ精神を最大限に引き出すことで，「変化を楽しむ」ことができるイノベーティブで魅力ある企業風土へのさらなる進化をはかっていきます。

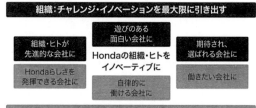

ビジョン達成に向けた戦略方向性

＜事業戦略と連動した「人」リソースマネジメント＞

　　二輪・四輪・パワープロダクツの既存事業領域，電動化および新価値領域の事業開発を中心とした新事業領域のそれぞれにおける事業方針と連動し，要員ポートフォリオに基づく最適な要員戦略を策定することで，全社的な「人」総合力の最大化をめざしていきます。

　　特に電動化や新価値事業開発の領域を担う人材の確保に向けては，内部からの育成・登用に加え，幹部レベルを含めた外部採用を積極的に行っています。

(point) リーマン・ショックを教訓に

　　市場環境が大きく変化することはリスクだろう。リーマン・ショック時に北米勢は品質・ブランド力と費用コントロールの弱みにより失速した。ブランド力で優位を保つドイツや日系メーカーは上手に危機対応ができたと言える。南欧のメーカーは，成長著しいアジアでの事業基盤が弱いことなどが弱みとなり厳しい局面が続いた。

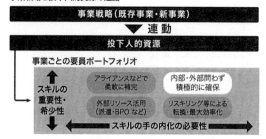

事業戦略と投下人的資源の連動

② 指標及び目標

＜ヒト・組織戦略ビジョンの実現に向けた取り組み＞

　　ヒト・組織戦略ビジョンの達成に向けて，さまざまなフェーズにおいて意欲ある従業員の成長を促し，支え，Honda というフィールドで「活き活きと輝く」ことを後押しするための取り組みを展開しています。

　　なお，各地域において「従業員活性度」（注1）を管理指標として設定しており，日本（注2）においては「非常に良好な状態（5段階評価で総合点平均3.5ポイント以上）」を継続して達成することを目標としています（2021年度実績：3.48ポイント）。

(注) 1　第三者の調査会社による各地域の従業員活性度調査
　　　 2　労働協約適用会社を対象とする

3　事業等のリスク

　　有価証券報告書に記載した事業の状況，経理の状況に関する事項のうち，投資者の判断に重要な影響を及ぼす可能性のある事項には，以下のようなものがあります。

　　当社グループでは，リスクマネジメント委員会において事業運営上重要なリスクを「全社重点リスク」として特定し，対応状況の確認・議論などを行っています。以下のリスクも同委員会で審議のうえ特定されたものです。

　　なお，文中の将来に関する事項は，有価証券報告書提出日（2023年6月23日）現在において当社グループが判断したものであり，不確実性を内包しているため，将来生じうる実際の結果と大きく異なる可能性もありますので，ご留意ください。

(point) さらなる環境対応力が求められる

　　世界的な排出ガス規制の一層の強化はどの自動車メーカーにも頭痛の種だろう。北米，中国，欧州はいずれも排出ガスの規制基準値を段階的に引き上げている。これは研究開発費などのコスト上昇につながる。なお CO_2 排出量を削減する手段としては，アルミニウムや高強度鋼板，炭素繊維の使用拡大での軽量化などが挙げられる。

(1) 地政学的リスク ···

　当社グループは，世界各国において事業を展開しており，それらの国や近隣地域での関税，輸出入規制，租税を含む現地法令・制度・協定・商習慣の変化，戦争・テロ・政情不安・治安の悪化，政治体制の変化，ストライキなど様々なリスクにさらされています。これら予期せぬ事象が発生し，政治的，軍事的，社会的な緊張の高まりに伴いサプライチェーンが寸断されるなど，事業活動の遅延・停止が発生した場合，当社グループの事業，業績に悪影響を与える可能性があります。

　その中でも，主に①経済安全保障，②国家間・地域紛争，③人権に関する法規の３つの地政学的リスクを認識しています。これらの地政学的リスクは，当社グループの全社戦略である地球環境負荷ゼロ，交通事故死者ゼロ，新たな価値創造への取り組みに与える影響も大きいため，対策の重要性は高まっています。これらの地政学的リスクが将来及ぼしうる各地域の事業規模については，連結財務諸表注記の「４セグメント情報（4）地域別セグメント補足情報」を参照ください。

①　経済安全保障

＜リスク＞

　各国において重要資源・部品，先端技術などに対する輸出入規制，ブロック化を促進する政策の強化の動きが活発化しています。各国において輸出入などに関する政策が強化された場合，生産活動の停滞や遅延，開発・購買・営業などの事業活動にかかる対応費用などが生じる可能性があり，当社グループの事業，業績に悪影響を与える可能性があります。

＜対応策＞

　当社グループにおいては，国内および海外の各部門が連携し各国の政策動向などの情報収集・モニタリングするインテリジェンス機能を強化するとともに，当社グループの事業に影響を与える可能性がある案件が確認された場合は，リスクマネジメント委員会が先行的に検討を行うことで，早期にリスクヘッジできる体制を構築しています。

②　国家間・地域紛争

＜リスク＞

ウクライナ情勢の悪化など，国際情勢の見通しが不透明な状況が続いています。新たな紛争が発生した場合，発生した国や地域のみならず，それ以外の国や地域でも，人的および物的被害，サプライチェーンの寸断などが生じる可能性があり，当社グループの事業，業績に悪影響を与える可能性があります。

＜対応策＞

当社グループにおいては，国家間・地域紛争の動向などの情報収集・モニタリングするインテリジェンス機能を強化するとともに，当社グループの事業に影響を与える可能性がある事象が確認された場合は，「人命・安全の確保」および「社会からの信頼の維持」を前提としたうえで，当社グループの会社資産・体制の保全，事業継続をはかるための対応を迅速に行っています。

③　人権に関する法規

＜リスク＞

各国において，企業に人権の取り組みを求める法規の制定が進んでおり，サプライチェーン全体での人権リスク対応の必要性が急速に高まっています。これらの法規に対して適時適切な対応が出来なかった場合，ブランドイメージや社会的信用の低下に加え，当社グループの生産活動の停滞や遅延，開発・購買・営業などの事業活動にかかる対応費用などが生じる可能性があり，当社グループの事業，業績に悪影響を与える可能性があります。

＜対応策＞

当社グループにおいては，Hondaフィロソフィーに掲げる人間尊重の基本理念のもと，事業活動において影響を受けるステークホルダーの人権を尊重する責任を果たすため，「Honda人権方針」を定めています。本方針に基づき，人権デューデリジェンス，適切な教育・啓発活動の実施など，各国法規を踏まえ自社およびサプライチェーンにおける取り組みを行っています。

(2)　購買・調達リスク ···

＜リスク＞

当社グループは，良い物を，適正な価格で，タイムリーにかつ永続的に調達することをめざして，多数の外部の取引先から原材料および部品を購入してい

---

point　財政状態，経営成績及びキャッシュ・フローの状況の分析

「事業等の概要」の内容などをこの項目で詳しく説明している場合があるため，この項目も非常に重要。自社が事業を行っている市場は今後も成長するのか，それは世界のどの地域なのか，今社会の流れはどうなっていて，それに対して売上を伸ばすために何をしているのか，収益を左右する費用はなにか，などとても有益な情報が多い。

ますが，製品の製造において使用するいくつかの原材料および部品については，特定の取引先に依存しています。効率的かつ適正なコストで継続的に供給を受けられるかどうかは，当社グループがコントロールできないものも含めて，多くの要因に影響を受けます。それらの要因のなかには，取引先が継続的に原材料および部品を確保できるかどうか，また，供給を受けるにあたって，当社グループがその他の需要者に対してどれだけ競争力があるか等が含まれます。

　取引先から原材料および部品が継続的に供給を受けられなかった場合，原材料および部品の価格が上昇した場合，もしくは主要な取引先を失った場合，生産活動の停滞や遅延，当社グループの競争力の損失に繋がる等，当社グループの事業，業績に悪影響を与える可能性があります。これらの購買・調達リスクは，当社グループの全社戦略である地球環境負荷ゼロ，交通事故死者ゼロ，新たな価値創造への取り組みに与える影響も大きいため，対策の重要性は高まっています。

<対応策>

　当社グループにおいては，事業，業績への影響を最小化するため，サプライチェーンの見直しおよび強化を継続的に行っています。また，部品の供給状況についてモニタリングを行い，当社グループの生産などの事業活動に悪影響を与える可能性がある事象が発生した場合には，取引先と連携し速やかに対応を実施しています。

　当社グループにおいて，半導体の調達不足が顕在化し，国内外の一部の生産拠点において四輪車および二輪車の生産停止，減産といった影響が発生しています。また，その他の一部の原材料および部品においても価格上昇が発生している，もしくは今後見込まれています。当社グループにおいては，取引先と連携し事業継続の観点から事業，業績への影響を最小化するための対応を行っています。

(3)　情報セキュリティリスク ･･･････････････････････････････････････

<リスク>

　当社グループは，委託先によって管理されているものを含め，事業活動およ

(point)　**中国高級車市場で独社寡占に挑む**

中国は中間層の成長が著しく，高級車のポテンシャルも大きい。ホンダはアキュラを現地生産することによって巨大な高級車市場を取り込んで拡大していくつもりだ。ただし，実際に売上が大きく増えることを期待するには時間がかかるだろう。中国市場はドイツ3社の寡占状態が続いており，これを崩すのは簡単ではない。

び当社製品において情報サービスや運転支援に関する様々な情報システムや
ネットワークを利用しています。特にIoTなどの情報技術が製品の制御に不可
欠なものになっています。

　サイバー攻撃は攻撃手法の高度化，複雑化が進んでおり，その攻撃対象は世
界各国に渡っています。当社グループの全社戦略である地球環境負荷ゼロ，交
通事故死者ゼロ，新たな価値創造への取り組みに与える影響も大きいため，対
策の重要性は高まっています。

　また，近年世界各国で個人情報保護規則が急速に整備されています。新たな
価値創造への取り組みにおいては，従来の事業と比べ取り扱う個人情報の量と
質が異なる可能性があるため，個人情報保護に向けた対策の重要性は高まって
います。

　当社グループ，取引先および委託先における外部からのサイバー攻撃のほか，
機器の不具合，管理上の不備や人為的な過失，さらには自然災害やインフラ障
害等の不測の事態により，当社グループの重要な業務やサービスの停止，機密
情報・個人情報等の漏洩，不適切な事務処理，あるいは重要データの破壊，改
ざん等が発生する可能性があります。

　このような事象が起きた場合，ブランドイメージや社会的信用の低下，影響
を受けた顧客やその他の関係者への損害責任，制裁金の支払い，生産活動の停
滞や遅延，当社グループの競争力の損失に繋がる等，当社グループの事業，業
績に悪影響を与える可能性があります。

＜対応策＞

　当社グループにおいては，事業，業績への悪影響を最小化するため，情報シ
ステムのセキュリティに関する管理体制および基準を定めています。本基準に
基づき，ハード面およびソフト面でのセキュリティ対策を実施し，情報システ
ムのセキュリティ強化をはかっています。

　サイバーセキュリティ委員会を設置し，業務・生産システム，ソフトウェア，
品質などの領域を横断するグローバルでの対応体制を構築しています。法規を
踏まえた規程・手順書などの整備，対応フロー策定，サイバーセキュリティに
関する演習を通じた改善点の検証・対策，人材育成などを行っています。

サイバー攻撃の脅威および脆弱性の分析を行うとともに，サイバー攻撃に関するインシデントが発生した場合には，迅速に実態把握を行ったうえで，影響を最小化するための対応を行っています。なお，生産設備へのサイバー攻撃に対しては，国内外の各拠点で生産設備の検証を行うとともに，セキュリティ強化に向けた対策を行っています。また，各国における個人情報保護規則に対しては，現行の規制のほか，今後施行が見込まれている規則の動向などの情報収集・モニタリングを実施したうえで対応を行っています。

(4) 他社との業務提携・合弁リスク ···

＜リスク＞

当社グループは，相乗効果や効率化などを期待，もしくは事業展開している国の要件に従う場合に，他社と業務提携・合弁による事業運営を行っています。

当社グループの全社戦略である地球環境負荷ゼロ，交通事故死者ゼロ，新たな価値創造への取り組みを進めるにあたっては，業務提携などの活用の重要性は高まっています。

業務提携などにおいて，当事者間で業務上の不一致，利益や技術の流出，意思決定の遅れ，業務提携先などの業績不振が生じた場合，あるいは提携内容の変更や解消が生じた場合，当社グループの事業，業績に悪影響を与える可能性があります。

＜対応策＞

当社グループにおいては，中長期の事業戦略に基づき業務提携などの戦略を議論・策定したうえで，デューデリジェンスを通じた情報収集・リスク検証を行っています。契約締結後においても業務提携などに関する運営状況のモニタリングを行い，当社グループの事業，業績への影響が発生する可能性がある場合には，提携先などと連携し影響を最小化するための対応を行っています。

(5) 環境に関わるリスク ···

＜リスク＞

当社グループは，世界各国において事業を展開しており，気候変動，資源枯

(point) 世界トップシェアを誇る二輪事業

二輪事業は世界各国でトップシェアを保持している。インドネシア60％，インド22％，ブラジル82％，ベトナム60％，タイ60％などが主な例だ。この高シェアから見て分かる通り，生産コスト，販売・サービス網，商品ラインアップ，などすべての面で他社を圧倒している。また多くの国でホンダが市場を開拓したこともあり，ブ

渇，大気汚染，水質汚染，生物多様性などをはじめとする環境に関する様々な
リスクの可能性を認識しています。また，これらに関する様々な規制の適用を
受けています。

　その中でも気候変動に関する規制および燃費・排出ガスに関する規制につい
て，世界各国で見直しが実施もしくは今後予定されています。規制内容または
見直しの動向によっては，二輪事業，四輪事業，パワープロダクツ事業及びそ
の他の事業において，生産・開発・購買・営業などにかかる対応費用などが生
じる可能性があり，当社グループの事業，業績に悪影響を与える可能性があり
ます。

　これらの環境に関わるリスクは，当社グループの全社戦略である地球環境負
荷ゼロへの取り組みに与える影響も大きいため，対策の重要性は高まっていま
す。

＜対応策＞

　当社グループにおいては，国内および海外の各部門が連携し，政策・規制動
向などの情報収集・モニタリングを実施するとともに，それらの状況に基づく
最適な生産・開発体制の構築などの対応を行っていきます。

(6)　知的財産リスク ……………………………………………………………

＜リスク＞

　当社グループは，長年にわたり，自社が製造する製品に関連する多数の特許
および商標を保有し，もしくはその権利を取得しています。これらの特許およ
び商標は，当社グループの全社戦略である地球環境負荷ゼロ，交通事故死者ゼ
ロ，新たな価値創造への取り組みに与える影響も大きいため，対策の重要性は
高まっています。

　当社グループの知的財産が広範囲にわたって保護できないこと，あるいは，
広範囲にわたり当社グループの知的財産権が違法に侵害されること，さらには
特許権侵害訴訟による製造・販売の差し止めや高額の損害賠償金，ライセンス
料の請求によって，当社グループの事業，業績に悪影響を与える可能性があり
ます。

　ランド力の高さは他を大きく引き離している。二輪事業は，グローバル調達，新市場
開拓，燃費や排ガスなど技術面での優位性など，あらゆる側面で四輪事業の目指す将
来像を先取りしていると言える。

＜対応策＞

　当社グループにおいては，外部の専門家，取引先と連携し，特許保有者からの特許権侵害訴訟を想定した対策を実施しています。また，関連法規の動向を注視・分析し，将来の法的手続で不利な判断がなされた場合など当社グループの事業，業績への悪影響が発生する可能性がある場合には，影響を最小化するための対応を行っています。

（7）　自然災害等リスク ···

＜リスク＞

　地震，風水害，感染症などの発生時に当社グループの拠点や従業員が被害を受け，生産・開発・購買・営業などの事業活動の停止・遅延が発生した場合，当社グループの事業，業績に悪影響を与える可能性があります。また，これらの事象によって取引先が被害を受けた場合，あるいはインフラの停止が発生した場合にも，当社グループの事業，業績に悪影響を与える可能性があります。

　加えて，世界各国において，気候変動の影響などにより気象災害が激甚化・頻発化しており，この傾向は今後も継続すると予想されます。その結果，これらの災害が当社グループの事業，業績に悪影響を与える可能性があります。

＜対応策＞

　当社グループにおいては，事業，業績への影響を最小化するため，これらの事象のリスク評価や事業継続計画（BCP）の策定および定期的な見直しを行っています。

　また，各国で顕在化した事象に基づき，対応体制および規程・手順書の見直し，訓練実施による改善点の検証・対策などを行っています。

　なお，当社グループに重大な影響を与える事象が発生した場合には，グローバル危機対策本部を設置し，各地域の情報収集および影響の最小化に向けた対応を全社横断的な観点で実施します。

（新型コロナウイルス感染症の拡大に伴う影響）

　新型コロナウイルス感染症に対しては，社会経済活動を再開する動きが加速しており，当社グループにおいても生産・開発・購買・営業などの事業活動の

正常化が進んでいます。

　しかしながら，感染症が再び拡大した場合は，当社グループの事業，業績に悪影響を与える可能性があります。今後も生産・開発・購買・営業などの事業体質の強化をはかるとともに，感染症が再び拡大した場合は，お客様，お取引先および従業員をはじめとするステークホルダーの安全を最優先にしつつ，事業継続の観点から事業，業績への悪影響を最小化するための対応を行っていきます。

(8)　金融・経済リスク ··

＜リスク＞

①　経済動向，景気変動

　当社グループは，世界各国で事業を展開しており，様々な地域，国で生産活動を行い，製品を販売しています。これらの事業活動は経済低迷，通貨変動などの影響を受けることで，市場の縮小による販売台数の減少，部品調達価格および製品の販売価格の上昇，信用リスクの上昇，資金調達金利の上昇などに繋がる可能性があります。その結果として当社グループの事業，業績に悪影響を与える可能性があります。

②　為替変動

　当社グループは，日本をはじめとする世界各国の生産拠点で生産活動を行っており，その製品および部品の多くを複数の国に輸出しています。各国における生産および販売では，外貨建てで購入する原材料および部品や，販売する製品および部品があります。したがって，為替変動は，購入価格や販売価格の設定に影響し，その結果，当社グループの事業，業績に悪影響を与える可能性があります。

＜対応策＞

　当社グループにおいては，金融・経済などの動向をモニタリングし当社グループに対する事業影響を把握するとともに，事業計画に反映し，対応を実施しています。

（point）**軽自動車市場でも驚きの急成長**

新商品投入が始まった日本における軽自動車では，室内空間の広さやパワー等が評価され，軽自動車シェアは10％前後から2013年末には20％を超えるまで大幅アップ。2013年軽自動車車種別販売では，「N-BOX」シリーズが，車種別軽自動車販売で一位を獲得した。

(9) 市場環境変化リスク ··

　当社グループは，日本，北米，欧州およびアジアを含む世界各国で事業を展開しています。これらの市場の長期にわたる経済低迷，消費者の価値観，ニーズの変化や，燃料価格の上昇および金融危機，原材料の高騰・供給量低下による製品価格上昇などによる購買意欲の低下，他社との競争激化は，当社グループの製品の需要低下につながり，当社グループの事業，業績に悪影響を与える可能性があります。

(10) 金融事業特有のリスク ··

　当社グループの金融サービス事業は，お客様に様々な資金調達プログラムを提供しており，それらは，製品の販売をサポートしています。しかしながら，お客様は当社グループの金融サービス事業からではなく，競合する他の銀行およびリース会社等を通して，製品の購入またはリースの資金を調達することができます。当社グループが提供する金融サービスは，残存価額および資本コストに関するリスク，信用リスク，資金調達リスクなどを伴います。お客様獲得に関する競合および上記金融事業特有のリスクは，当社グループの事業，業績に悪影響を与える可能性があります。

(11) 法務リスク ··

　当社グループは，訴訟，関連法規に基づく様々な調査，法的手続を受ける可能性があります。係争中，または将来の法的手続で不利な判断がなされた場合，当社グループの事業，業績に悪影響を与える可能性があります。

(12) 退職後給付に関わるリスク ··

　当社グループは，各種退職給付および年金制度を有しています。これらの制度における給付額は，基本的に従業員の給与水準，勤続年数およびその他の要素に基づいて決定されます。また，掛金は法令が認める範囲で定期的に見直されています。確定給付制度債務および確定給付費用は，割引率や昇給率などの様々な仮定に基づいて算出されています。仮定の変更は将来の確定給付費用，確定給付制

---

point 激しい販売競争が続く国内市場

　　今回の新型FITはエンジンやトランスミッション，プラットフォームが新しくなった。商品力の高さは販売が好調だったことに裏付けされたが，各社間での激しい技術開発競争の中で，燃費以外であまりアピールポイントがなかったと言える。ちなみにFitの対抗車種は，トヨタ AQUA/Vitz/Passo，日産 Note/March，マツダ Demio，スズ

度債務および制度への必要拠出額に影響を与えることにより，当社グループの業績に悪影響を与える可能性があります。

（13）　ブランドイメージに関連するリスク ···

　当社グループのブランドに対するお客様や当社グループを取り巻く社会からの信頼・支持が，企業の永続性において重要な要素の一つとなっています。このブランドイメージを支えるため，製品の品質や法規制への対応，リスク管理の実施，内部統制の充実などあらゆる企業活動において常に社会からの信頼に応えられるように努めています。しかしながら予測できない事象により，当社グループのブランドイメージを毀損した場合や迅速で適切な情報発信などの対応が実施出来なかった場合，当社グループの事業，業績に悪影響を与える可能性があります。

4　経営者による財政状態，経営成績及びキャッシュ・フローの状況の分析

（1）　経営成績等の状況の概要 ··

①　経営成績の状況

　当連結会計年度の当社，連結子会社および持分法適用会社（以下「当社グループ」という。）をとりまく経済環境は，緩やかな持ち直しの動きがみられたものの，新型コロナウイルス感染症の再拡大，半導体の供給不足，インフレ影響など，厳しい状況が続きました。米国では，物価安定に向けた急速な金融引締めが進んだものの，個人消費の下支えなどにより，景気は底堅い推移となりました。欧州では，緩やかな持ち直しの動きがみられたものの，ウクライナ情勢の悪化によるインフレ影響を受けて，景気は足踏み状態となっています。アジアでは，中国など一部で弱さがみられたものの，景気は緩やかに持ち直しました。日本では，一部で弱さがみられたものの，景気は緩やかに持ち直しました。

　主な市場のうち，二輪車市場は前年度にくらべ，ブラジルでは大幅に拡大，ベトナム，インド，タイ，インドネシアでは拡大しました。四輪車市場は前年度にくらべ，インドネシア，インド，タイ，ブラジル，日本では拡大しましたが，欧州，中国ではおおむね横ばい，米国では縮小となりました。

　このような中で，当社グループは，世の中に「存在を期待される企業」であり

　キ Swift，三菱 Mirageなどだ。日系車のトレンドとしては，低燃費/低価格が続くとみられる。

続けるため，「すべての人に，“生活の可能性が拡がる喜び”を提供する」ことを2030年ビジョンとして掲げ，「地球環境負荷ゼロ」「交通事故死者ゼロ」「新たな価値創造」を目指すとともに，事業体質の強化にも努めてまいりました。研究開発面では，安全・環境技術や商品の魅力向上，モビリティの変革にむけた先進技術開発に，外部とのオープンイノベーションも活用し，積極的に取り組みました。生産面では，生産体質の強化や，グローバルでの需要の変化に対応した生産配置を行いました。販売面では，新価値商品の積極的な投入や，グローバルでの商品の供給などにより，商品ラインアップの充実に取り組みました。

　当連結会計年度の連結売上収益は，二輪事業における増加や為替換算による増加影響などにより，16兆9,077億円と前連結会計年度にくらべ16.2%の増収となりました。　営業利益は，為替影響などはあったものの，販売影響による利益減や品質関連費用を含む諸経費の増加などにより，7,807億円と前連結会計年度にくらべ10.4%の減益となりました。税引前利益は，8,795億円と前連結会計年度にくらべ17.8%の減益，親会社の所有者に帰属する当期利益は，6,514億円と前連結会計年度にくらべ7.9%の減益となりました。

事業の種類別セグメントの状況

（二輪事業）

	Hondaグループ販売台数 ※				連結売上台数 ※			
	2021年度 （千台）	2022年度 （千台）	増減 （千台）	増減率 （%）	2021年度 （千台）	2022年度 （千台）	増減 （千台）	増減率 （%）
二輪事業計	17,027	18,757	1,730	10.2	10,721	12,161	1,440	13.4
日　本	244	246	2	0.8	244	246	2	0.8
北　米	437	459	22	5.0	437	459	22	5.0
欧　州	317	347	30	9.5	317	347	30	9.5
アジア	14,589	16,108	1,519	10.4	8,283	9,512	1,229	14.8
その他	1,440	1,597	157	10.9	1,440	1,597	157	10.9

　二輪事業の外部顧客への売上収益は，連結売上台数の増加や為替換算による増加影響などにより，2兆9,089億円と前連結会計年度にくらべ33.1%の増収となりました。営業利益は，売価およびコスト影響や販売影響による利益増，為替影響などにより，4,887億円と前連結会計年度にくらべ56.9%の増益となりました。

※　Hondaグループ販売台数は，当社および連結子会社，ならびに持分法適用会社の完成車（二輪車・ATV・Side－by－Side）販売台数です。一方，連結売上台数は，外部顧客への売上収益に対応する販売台数であり，当社および連結子会社の完成車販売台数です。

（四輪事業）

	Hondaグループ販売台数 ※				連結売上台数 ※			
	2021年度 （千台）	2022年度 （千台）	増 減 （千台）	増減率 （%）	2021年度 （千台）	2022年度 （千台）	増 減 （千台）	増減率 （%）
四輪事業計	4,074	3,687	△387	△9.5	2,424	2,382	△42	△1.7
日 本	547	550	3	0.5	476	484	8	1.7
北 米	1,283	1,195	△88	△6.9	1,283	1,195	△88	△6.9
欧 州	100	84	△16	△16.0	100	84	△16	△16.0
アジア	2,022	1,744	△278	△13.7	443	505	62	14.0
その他	122	114	△8	△6.6	122	114	△8	△6.6

　四輪事業の外部顧客への売上収益は，為替換算による増加影響などにより，10兆5,935億円と前連結会計年度にくらべ15.8%の増収となりました。営業損失は，為替影響などはあったものの，販売影響による利益減や品質関連費用を含む諸経費の増加などにより，166億円と前連結会計年度にくらべ2,528億円の減益となりました。

※　Hondaグループ販売台数は，当社および連結子会社，ならびに持分法適用会社の完成車販売台数です。一方，連結売上台数は，外部顧客への売上収益に対応する販売台数であり，当社および連結子会社の完成車販売台数です。また，当社の日本の金融子会社が提供する残価設定型クレジット等が，IFRSにおいてオペレーティング・リースに該当する場合，当該金融サービスを活用して連結子会社を通して提供された四輪車は，四輪事業の外部顧客への売上収益に計上されないため，連結売上台数には含めていませんが，Hondaグループ販売台数には含めています。

（金融サービス事業）

　金融サービス事業の外部顧客への売上収益は，オペレーティング・リース売上の減少などはあったものの，為替換算による増加影響などにより，2兆9,540億円と前連結会計年度にくらべ4.7%の増収となりました。営業利益は，為替影響などはあったものの，減収に伴う利益の減少などにより，2,858億円と前連結会計年度にくらべ14.2%の減益となりました。

（パワープロダクツ事業及びその他の事業）

	Hondaグループ販売台数／連結売上台数 ※			
	2021年度 （千台）	2022年度 （千台）	増 減 （千台）	増減率 （%）
パワープロダクツ 事業計	6,200	5,645	△555	△9.0
日 本	353	376	23	6.5
北 米	2,738	2,274	△464	△16.9
欧 州	1,189	1,168	△21	△1.8
アジア	1,487	1,408	△79	△5.3
その他	433	419	△14	△3.2

　パワープロダクツ事業及びその他の事業の外部顧客への売上収益は，為替換算

による増加影響などにより，4,511億円と前連結会計年度にくらべ13.0％の増収となりました。営業利益は，販売影響による利益増や為替影響などにより，228億円と前連結会計年度にくらべ323億円の増益となりました。なお，パワープロダクツ事業及びその他の事業に含まれる航空機および航空機エンジンの営業損失は，為替換算による利益減などはあったものの，費用の減少などにより，257億円と前連結会計年度にくらべ79億円の改善となりました。

※　Hondaグループ販売台数は，当社および連結子会社，ならびに持分法適用会社のパワープロダクツ販売台数です。一方，連結売上台数は，外部顧客への売上収益に対応する販売台数であり，当社および連結子会社のパワープロダクツ販売台数です。なお，当社は，パワープロダクツを販売している持分法適用会社を有しないため，パワープロダクツ事業においては，Hondaグループ販売台数と連結売上台数に差異はありません。

所在地別セグメントの状況

（日本）

　売上収益は，全ての事業における増加などにより，4兆5,480億円と前連結会計年度にくらべ4.3％の増収となりました。営業利益は，売価およびコスト影響による利益減などはあったものの，為替影響などにより，258億円と前連結会計年度にくらべ302.8％の増益となりました。

（北米）

　売上収益は，四輪事業における連結売上台数の減少や金融サービス事業におけるオペレーティング・リース売上の減少などはあったものの，為替換算による増加影響などにより，9兆4,162億円と前連結会計年度にくらべ16.4％の増収となりました。営業利益は，為替影響などはあったものの，販売影響による利益減や品質関連費用を含む諸経費の増加などにより，2,588億円と前連結会計年度にくらべ48.3％の減益となりました。

（欧州）

　売上収益は，四輪事業における減少などはあったものの，為替換算による増加影響などにより，7,037億円と前連結会計年度にくらべ0.4％の増収となりました。営業損失は，売価およびコスト影響による利益増などはあったものの，販売影響による利益減などにより，25億円と前連結会計年度にくらべ292億円の減益となりました。

（アジア）

売上収益は，二輪事業における増加や為替換算による増加影響などにより，4兆8,578億円と前連結会計年度にくらべ19.8％の増収となりました。営業利益は，売価およびコスト影響による利益増や為替影響などにより，4,087億円と前連結会計年度にくらべ20.5％の増益となりました。

（その他の地域）

売上収益は，二輪事業における増加や為替換算による増加影響などにより，8,196億円と前連結会計年度にくらべ38.2％の増収となりました。営業利益は，諸経費の増加などはあったものの，売価およびコスト影響による利益増などにより，589億円と前連結会計年度にくらべ157.4％の増益となりました。

② キャッシュ・フローの状況

当連結会計年度末における現金及び現金同等物（以下「資金」という。）は，3兆8,030億円と前連結会計年度末にくらべ1,280億円の増加となりました。

当連結会計年度のキャッシュ・フローの状況と，前連結会計年度に対する各キャッシュ・フローの増減状況は以下のとおりです。

（営業活動によるキャッシュ・フロー）

当連結会計年度における営業活動の結果得られた資金は，2兆1,290億円となりました。この営業活動によるキャッシュ・インフローは，部品や原材料の支払いの増加などはあったものの，顧客からの現金回収の増加などにより，前連結会計年度にくらべ4,494億円の増加となりました。

（投資活動によるキャッシュ・フロー）

当連結会計年度における投資活動の結果減少した資金は，6,780億円となりました。この投資活動によるキャッシュ・アウトフローは，有形固定資産の取得による支出の増加などにより，前連結会計年度にくらべ3,020億円の増加となりました。

（財務活動によるキャッシュ・フロー）

当連結会計年度における財務活動の結果減少した資金は，1兆4,683億円となりました。この財務活動によるキャッシュ・アウトフローは，資金調達に係る債

務の返済の増加や自己株式の取得などにより，前連結会計年度にくらべ8,526億円の増加となりました。

③ 生産，受注及び販売の状況

（生産実績）

セグメントの名称	前連結会計年度 （自 2021年4月1日 至 2022年3月31日）	当連結会計年度 （自 2022年4月1日 至 2023年3月31日）	増減	
	台数（千台）	台数（千台）	台数（千台）	増減率（%）
二輪事業	10,153	12,199	2,046	20.2
四輪事業	2,522	2,508	△14	△0.5
パワープロダクツ事業 及びその他の事業	6,621	5,799	△821	△12.4

（注）1　生産台数は，当社および連結子会社の完成車の生産台数の合計です。
　　　2　二輪事業には二輪車，ATVおよびSide-by-Sideが含まれています。
　　　3　ライフクリエーション事業及びその他の事業にはパワープロダクツの生産台数を記載しています。

（受注実績）

　見込生産のため，大口需要等の特別仕様のものを除いては，受注生産はしていません。

（販売実績）

　仕向地別（外部顧客の所在地別）売上収益は，以下のとおりです。

セグメントの名称	前連結会計年度 （自　2021年4月1日 　至　2022年3月31日） （百万円）	当連結会計年度 （自　2022年4月1日 　至　2023年3月31日） （百万円）	増　減 （百万円）	増　減　率 （%）
総　合　計	14,552,696	16,907,725	2,355,029	16.2
日　本	1,943,649	2,013,095	69,446	3.6
北　米	7,624,799	8,945,932	1,321,133	17.3
欧　州	611,889	690,663	78,774	12.9
アジア	3,711,460	4,335,765	624,305	16.8
その他	660,899	922,270	261,371	39.5
二輪事業計	2,185,253	2,908,983	723,730	33.1
日　本	105,023	109,393	4,370	4.2
北　米	230,780	306,725	75,945	32.9
欧　州	202,254	250,088	47,834	23.7
アジア	1,309,977	1,739,764	429,787	32.8
その他	337,219	503,013	165,794	49.2
四輪事業計	9,147,498	10,593,519	1,446,021	15.8
日　本	1,340,775	1,385,830	45,055	3.4
北　米	4,884,934	5,990,544	1,105,610	22.6
欧　州	319,366	332,983	13,617	4.3
アジア	2,321,721	2,523,862	202,141	8.7
その他	280,702	360,300	79,598	28.4
金融サービス事業計	2,820,667	2,954,098	133,431	4.7
日　本	418,383	428,228	9,845	2.4
北　米	2,356,978	2,466,537	109,559	4.6
欧　州	10,876	13,264	2,388	22.0
アジア	15,757	16,576	819	5.2
その他	18,673	29,493	10,820	57.9
パワープロダクツ事業 及びその他の事業計	399,278	451,125	51,847	13.0
日　本	79,468	89,644	10,176	12.8
北　米	152,107	182,126	30,019	19.7
欧　州	79,393	94,328	14,935	18.8
アジア	64,005	55,563	△8,442	△13.2
その他	24,305	29,464	5,159	21.2

（注）　各事業の主要製品およびサービス，事業形態につきましては，連結財務諸表注記の「4セグメント情報」
　　　を参照ください。

(2)　経営成績等の状況の分析 ···

　当社グループは2050年に，製品だけでなく企業活動を含めたライフサイクルでの地球環境負荷ゼロ，全世界で当社グループの二輪車・四輪車が関与する交通事故死者ゼロをめざします。詳細については，「1　経営方針，経営環境及び対処すべき課題等」と「2　サステナビリティに関する考え方及び取組」を参照ください。

　これらの目標の達成に関連する電動化に向けた設備や施設の新設に係る投資や資産化される研究開発支出などが資本的支出全体に占める割合は現時点では重要

性はないものの，将来に向けては，適切な支出規模の範囲内で電動化やソフトウェア領域へのリソースシフトをさらに進め，その割合を大幅に拡大させる見込みです。

　当社グループが展開する事業は厳しい経済・社会環境下に置かれており，その収益性は様々な要因により左右されます。その中でも，当社グループは気候変動をはじめとした様々な社会課題の解決，リスクへの対処に積極的に取り組んでおり，認識している課題，リスク事象の詳細については，「1　経営方針，経営環境及び対処すべき課題等」「2　サステナビリティに関する考え方及び取組」「3　事業等のリスク」を参照ください。それらへの対処の過程，結果により販売台数の増減や追加費用などが生じ，将来の収益性に重要な影響を及ぼす可能性があると考えます。

　以降の経営成績等の状況の分析は，当社グループの財政状態，経営成績及びキャッシュ・フローの状況に重要な影響を与えた事象や要因を経営者の立場から分析し，説明したものです。

　なお，この経営成績等の状況の分析に記載した将来に関する事項は，有価証券報告書提出日（2023年6月23日）現在において判断したものであり，リスクと不確実性を内包しているため，将来生じうる実際の結果と大きく異なる

　可能性もありますので，ご留意ください。

① **経営成績の分析** ···

当社グループの業績

　当連結会計年度の連結売上収益は，二輪事業における増加や為替換算による増加影響などにより，前連結会計年度にくらべ増収となりました。

　営業利益は，為替影響などはあったものの，販売影響による利益減や品質関連費用を含む諸経費の増加などにより，減益となりました。

二輪事業の概要

　当連結会計年度の連結売上台数は，インドやベトナム，タイなどで増加したことにより，1,216万1千台と前連結会計年度にくらべ13.4%の増加となりました。

四輪事業の概要

　当連結会計年度の連結売上台数は，米国などで販売が減少したことにより，

238万2千台と前連結会計年度にくらべ1.7%の減少となりました。

パワープロダクツ事業及びその他の事業の概要

　当連結会計年度のパワープロダクツ事業の連結売上台数は，米国などで販売が減少したことにより，564万5千台と前連結会計年度にくらべ9.0%の減少となりました。

（当連結会計年度の連結業績の概況）

売上収益

　当連結会計年度の連結売上収益は，二輪事業における増加や為替換算による増加影響などにより，16兆9,077億円と前連結会計年度にくらべ2兆3,550億円，16.2%の増収となりました。また，前連結会計年度の為替レートで換算した場合，前連結会計年度にくらべ約2,532億円，約1.7%の増収と試算されます。

営業費用

　営業費用は，16兆1,269億円と前連結会計年度にくらべ2兆4,454億円，17.9%の増加となりました。売上原価は，二輪事業における連結売上収益の増加に伴う費用の増加や為替影響などにより，13兆5,761億円と前連結会計年度にくらべ2兆82億円，17.4%の増加となりました。販売費及び一般管理費は，品質関連費用を含む諸経費の増加や為替影響などにより，1兆6,699億円と前連結会計年度にくらべ3,434億円，25.9%の増加となりました。研究開発費は，8,809億円と前連結会計年度にくらべ938億円，11.9%の増加となりました。

営業利益

　営業利益は，為替影響などはあったものの，販売影響による利益減や品質関連費用を含む諸経費の増加などにより，7,807億円と前連結会計年度にくらべ904億円，10.4%の減益となりました。なお，為替影響約2,959億円の増益要因を除くと，約3,863億円の減益と試算されます。

　ここで記載されている変動要因の各項目については，当社が現在合理的であると判断する分類および分析方法に基づいています。なお，一部の分析項目において，当社および主要な連結子会社を対象に分析しています。

・「為替影響」については，海外連結子会社の財務諸表の円換算時に生じる「為替換算差」と外貨建取引から生じる「実質為替影響」について分析しています。「実質為替影響」については，米ドルなどの取引通貨の，対円および各通貨間における為替影響について分析しています。

・「売価およびコスト影響」については，販売価格の変動影響，コストダウン効果および原材料価格の変動影響などを対象に分析し，当該項目に影響する「為替影響」は除いています。

・「販売影響」については，連結売上台数や機種構成の変化に伴う利益の変動，金融サービス事業の売上収益の変化に伴う利益の変動に加え，その他の売上総利益の変化要因を対象に分析し，当該項目に影響する「為替影響」は除いています。

・「諸経費」については，販売費及び一般管理費の前連結会計年度との差から，当該科目に影響する「為替換算差」を除いて表示しています。

・「研究開発費」については，研究開発費の前連結会計年度との差から，当該科目に影響する「為替換算差」を除いて表示しています。

　また，為替影響を除いた試算数値は，当社の連結財務諸表の金額とは異なっており，IFRSに基づくものではなく，IFRSで要求される開示に代わるものではありません。しかしながら，これらの為替影響を除いた試算数値は当社の業績をご理解いただくために有用な追加情報と考えています。

税引前利益

　税引前利益は，8,795億円と前連結会計年度にくらべ1,906億円，17.8％の減益となりました。営業利益の減少を除く要因は，以下のとおりです。

　持分法による投資利益は，当連結会計年度において一部の持分法で会計処理されている投資について，減損損失を計上したことなどにより，850億円の減益要因となりました。

　金融収益及び金融費用は，受取利息の増加などはあったものの，デリバティブから生じる損益の影響や為替差損益の影響などにより，150億円の減益要因となりました。なお，詳細については，連結財務諸表注記の「22 金融収益及び金融費用」を参照ください。

法人所得税費用

　法人所得税費用は，1,622億円と前連結会計年度にくらべ1,472億円，47.6％の減少となりました。また，当連結会計年度の平均実際負担税率は，前連結会計年度より10.5ポイント低い18.4％となりました。当連結会計年度の法人所得税費用の減少額には，従前は未認識であった税務上の欠損金，税額控除または過去の期間の一時差異から生じた便益の額961億円が含まれています。これは，当社および一部の国内の連結子会社により構成される通算グループにおいて，前連結会計年度および当連結会計年度において課税所得が稼得されたことや，次連結会計年度以降において主に国内外の四輪事業における連結売上台数の増加に伴う利益の増加見込みなどにより，将来課税所得が稼得される可能性が高いと判断したことによるものです。なお，詳細については，連結財務諸表注記の「23法人所得税（1）法人所得税費用」を参照ください。

当期利益

　当期利益は，7,173億円と前連結会計年度にくらべ433億円，5.7％の減益となりました。

　親会社の所有者に帰属する当期利益

　親会社の所有者に帰属する当期利益は，6,514億円と前連結会計年度にくらべ556億円，7.9％の減益となりました。

非支配持分に帰属する当期利益

　非支配持分に帰属する当期利益は，658億円と前連結会計年度にくらべ122億円，22.9％の増益となりました。

（二輪事業）

　連結売上台数は，全ての地域で増加したことなどにより，1,216万1千台と前連結会計年度にくらべ13.4％の増加となりました。二輪事業の外部顧客への売上収益は，連結売上台数の増加や為替換算による増加影響などにより，2兆9,089億円と前連結会計年度にくらべ7,237億円，33.1％の増収となりました。なお，販売価格の変動はあったものの，売上収益に与える影響は軽微でした。また，前連結会計年度の為替レートで換算した場合，前連結会計年度にくらべ約3,932億

円，約18.0％の増収と試算されます。

　営業費用は，2兆4,202億円と前連結会計年度にくらべ5,465億円，29.2％の増加となりました。売上原価は，連結売上台数の増加や為替影響などにより，2兆999億円と前連結会計年度にくらべ4,898億円，30.4％の増加となりました。販売費及び一般管理費は，諸経費の増加などにより，2,484億円と前連結会計年度にくらべ539億円，27.7％の増加となりました。研究開発費は，718億円と前連結会計年度にくらべ27億円，4.0％の増加となりました。

　営業利益は，売価およびコスト影響や販売影響による利益増，為替影響などにより，4,887億円と前連結会計年度にくらべ1,772億円，56.9％の増益となりました。

日本

　2022年度二輪車総需要（注）は，約40万台と前年度にくらべ約4％の減少となりました。

　当連結会計年度の連結売上台数は，新型車「ダックス125」の投入効果や「スーパーカブ110」の増加などにより，24万6千台と前連結会計年度にくらべ0.8％の増加となりました。

（注）　出典：JAMA（日本自動車工業会）

北米

　主要市場である米国の2022年（暦年）二輪車・ATV総需要（注）は，約73万台と前年にくらべ約6％の減少となりました。

　当連結会計年度の北米地域の連結売上台数は，主にメキシコにおいて，「Navi」や「Dio」の増加などにより，45万9千台と前連結会計年度にくらべ5.0％の増加となりました。

（注）　出典：MIC（米国二輪車工業会）
　　　　二輪車・ATVの合計であり，Side－by－Side（S×S）は含まない。

欧州

　欧州地域の2022年（暦年）二輪車総需要（注）は，約108万台とほぼ前年並みとなりました。

　当連結会計年度の連結売上台数は，「PCX」の増加などにより，34万7千台と前連結会計年度にくらべ9.5％の増加となりました。

（注）　英国，ドイツ，フランス，イタリア，スペイン，スイス，ポルトガル，オランダ，ベルギー，オーストリアの10ヵ国の合計，当社調べ

アジア

　最大市場のインドの2022年（暦年）二輪車総需要（注1）は，約1,536万台と前年にくらべ約6％の増加となりました。その他のアジア地域主要国の2022年（暦年）二輪車総需要（注2）は，ベトナムなどで増加したものの，中国などで減少したことにより，約1,989万台とほぼ前年並みとなりました。

　当連結会計年度の連結売上台数は，インドにおける「Activa」シリーズや，ベトナムにおける「Wave」シリーズの増加などにより，951万2千台と前連結会計年度にくらべ14.8％の増加となりました。

　なお，持分法適用会社であるインドネシアのピー・ティ・アストラホンダモーターの販売台数は連結売上台数に含まれませんが，当連結会計年度の販売台数は，「BeAT」シリーズや「Vari o」シリーズの増加などにより，約448万台と前連結会計年度にくらべ約15％の増加となりました。

（注）1　当社調べ
　　　2　タイ，インドネシア，マレーシア，フィリピン，ベトナム，パキスタン，中国の7ヵ国の合計，当社調べ

その他の地域

　主要市場であるブラジルの2022年（暦年）二輪車総需要（注）は，約135万台と前年にくらべ約19％の増加となりました。

　当連結会計年度の連結売上台数は，ブラジルにおける「CG160」シリーズや「Biz」シリーズの増加などにより，159万7千台と前連結会計年度にくらべ10.9％の増加となりました。

（注）　出典：ABRACICLO（ブラジル二輪車製造者協会）

（四輪事業）

　連結売上台数は，北米地域で減少したことなどにより，238万2千台と前連結会計年度にくらべ1.7％の減少となりました。四輪事業の外部顧客への売上収益は，為替換算による増加影響などにより，10兆5,935億円と前連結会計年度にくらべ1兆4,460億円，15.8％の増収となりました。なお，販売価格の変動はあったものの，売上収益に与える影響は軽微でした。また，前連結会計年度の為替レー

トで換算した場合，前連結会計年度にくらべ約1,414億円，約1.5％の増収と試算されます。セグメント間取引を含む四輪事業の売上収益は，10兆7,817億円と前連結会計年度にくらべ1兆4,211億円，15.2％の増収となりました。

　営業費用は，10兆7,983億円と前連結会計年度にくらべ1兆6,739億円，18.3％の増加となりました。売上原価は，為替影響などにより，8兆7,782億円と前連結会計年度にくらべ1兆3,307億円，17.9％の増加となりました。販売費及び一般管理費は，品質関連費用を含む諸経費の増加や為替影響などにより，1兆2,382億円と前連結会計年度にくらべ2,515億円，25.5％の増加となりました。研究開発費は，7,818億円と前連結会計年度にくらべ916億円，13.3％の増加となりました。

　営業損失は，為替影響などはあったものの，販売影響による利益減や品質関連費用を含む諸経費の増加などにより，166億円と前連結会計年度にくらべ2,528億円の減益となりました。

　各カテゴリ別の販売台数構成比は概ね以下のとおりです。（小売販売台数ベース）

　パッセンジャーカー（セダン・コンパクト等）：
　　前連結会計年度42％，当連結会計年度42％
　ライトトラック（SUV・ミニバン等）：
　　前連結会計年度52％，当連結会計年度50％
　軽自動車：
　　前連結会計年度6％，当連結会計年度8％

　四輪事業における主要な製品は以下のとおりです。
　パッセンジャーカー（セダン・コンパクト等）：
　　「ACCORD」，「BRIO」，「CITY」，「CIVIC」，「FIT」，「INTEGRA」，「JAZZ」
　ライトトラック（SUV・ミニバン等）：
　　「BREEZE」，「CR－V」，「FREED」，「HR－V」，「ODYSSEY」，
　　「PILOT」，「VEZEL」，「XR－V」，「ZR－V」

軽自動車：

「N−BOX」

カテゴリ別の収益性を決定する要因はさまざまですが，販売価格は重要な要素の一つと考えています。上記カテゴリごとの販売価格については，各モデルによって異なるものの，全体的には，ライトトラックは比較的高く，軽自動車は比較的低い傾向があります。

車両の貢献利益も各モデルによって異なりますが，一般的にライトトラックは販売価格が高いことから貢献利益も高く，軽自動車は販売価格が低いことから貢献利益も低い傾向があります。例えば，当社グループの主要な販売地域である日本市場と米国市場における，当連結会計年度のカテゴリ別の貢献利益は，ライトトラックは全カテゴリ平均より約25％高く，パッセンジャーカーは約5％低く，軽自動車は約65％低いと試算されます。上記の貢献利益は売上収益から販売量に比例して発生すると考えられる材料費を控除した金額の台当たり金額と定義して算定したものです。

日本

2022年度四輪車総需要（注1）は，約438万台と前年度にくらべ，約4％の増加となりました。当連結会計年度の連結売上台数（注2）は，半導体供給不足の影響などを受けたものの，「N−BOX」の増加などにより，48万4千台と前連結会計年度にくらべ1.7％の増加となりました。当連結会計年度の生産台数は，64万3千台と前連結会計年度にくらべ1.4％の増加となりました。

（注）1　出典：JAMA（日本自動車工業会：登録車＋軽自動車）
　　　2　当社の日本の金融子会社が提供する残価設定型クレジット等が，IFRSにおいてオペレーティング・リースに該当する場合，当該金融サービスを活用して連結子会社を通して提供された四輪車は，四輪事業の外部顧客への売上収益に計上されないため，連結売上台数には含めていません。

北米

主要市場である米国の2022年（暦年）四輪車総需要（注）は，約1,389万台と前年にくらべ約8％の減少となりました。

当連結会計年度の北米地域での連結売上台数は，半導体供給不足の影響などを受け，「HR−V」や「CIVIC」が減少したことなどにより，119万5千台と前連結会計年度にくらべ6.9％の減少となりました。

当連結会計年度の北米地域での生産台数は，124万9千台と前連結会計年度にくらべ1.7%の減少となりました。

(注) 出典：Autodata

欧州

欧州地域の2022年（暦年）四輪車総需要（注）は，約1,128万台と前年にくらべ約4%の減少となりました。

当連結会計年度の連結売上台数は，「CIVIC」の減少などにより，8万4千台と前連結会計年度にくらべ16.0%の減少となりました。

(注) 出典：ACEA（欧州自動車工業会）乗用車部門（EU27ヵ国，EFTA3ヵ国，英国）

アジア

アジア地域主要国の2022年（暦年）四輪車総需要（注1）は，インドやマレーシアなどで増加したことにより，約834万台と前年にくらべ約18%の増加となりました。中国の2022年（暦年）四輪車総需要（注2）は，約2,686万台と前年にくらべ約2%の増加となりました。当連結会計年度の連結売上台数の合計は，インドネシアにおける「BR−V」や「BRIO」の増加などにより，50万5千台と前連結会計年度にくらべ14.0%の増加となりました。

なお，持分法適用会社である中国の東風本田汽車有限公司および広汽本田汽車有限公司の販売台数は連結売上台数に含まれませんが，当連結会計年度の販売台数は，半導体供給不足の影響などを受け，「XR−V」や「VEZEL」の減少などにより，124万台と前連結会計年度にくらべ21.5%の大幅な減少となりました。

アジア地域の連結子会社の当連結会計年度の生産台数（注3）は，55万6千台と前連結会計年度にくらべ14.1%の増加となりました。なお，持分法適用会社である中国の東風本田汽車有限公司および広汽本田汽車有限公司の当連結会計年度の生産台数は130万6千台と前連結会計年度にくらべ19.4%の減少となりました。

(注) 1 タイ，インドネシア，マレーシア，フィリピン，ベトナム，台湾，インド，パキスタンの8ヵ国の合計，当社調べ
　　 2 出典：中国汽車工業協会
　　 3 タイ，インドネシア，マレーシア，ベトナム，台湾，インド，パキスタンの7ヵ国の合計

その他の地域

主要市場であるブラジルの2022年（暦年）の四輪車総需要（注）は，約196万

台と前年にくらべ約1％の減少となりました。

　当連結会計年度の連結売上台数は，ブラジルにおける「CITY」の増加などはあったものの，「CIVIC」の減少などにより，11万4千台と前連結会計年度にくらべ6.6％の減少となりました。

　当連結会計年度のブラジル工場での生産台数は，6万6千台と前連結会計年度にくらべ21.4％の大幅な減少となりました。

(注) 出典：ANFAVEA（ブラジル自動車製造業者協会：乗用車＋軽商用車）

（金融サービス事業）

　当社グループは，製品販売のサポートを主な目的として，日本・米国・カナダ・英国・ドイツ・ブラジル・タイにある金融子会社を通じて，顧客に対する金融サービス（小売金融，オペレーティング・リースおよびファイナンス・リース）および販売店に対する金融サービス（卸売金融）を提供しています。

　金融サービスに係る債権およびオペレーティング・リース資産残高の合計は，10兆6,210億円と前連結会計年度末にくらべ274億円，0.3％の増加となりました。また，前連結会計年度末の為替レートで換算した場合，前連結会計年度末にくらべ約6,504億円，約6.1％の減少と試算されます。

　金融サービス事業の外部顧客への売上収益は，オペレーティング・リース売上の減少などはあったものの，為替換算による増加影響などにより，2兆9,540億円と前連結会計年度にくらべ1,334億円，4.7％の増収となりました。また，前連結会計年度の為替レートで換算した場合，前連結会計年度にくらべ約2,890億円，約10.2％の減収と試算されます。セグメント間取引を含む金融サービス事業の売上収益は，2兆9,561億円と前連結会計年度にくらべ1,328億円，4.7％の増収となりました。

　営業費用は，2兆6,702億円と前連結会計年度にくらべ1,799億円，7.2％の増加となりました。売上原価は，オペレーティング・リース売上の減少に伴う費用の減少などはあったものの，為替影響などにより，2兆5,442億円と前連結会計年度にくらべ1,450億円，6.0％の増加となりました。販売費及び一般管理費は，為替影響などにより，1,260億円と前連結会計年度にくらべ349億円，38.3％

(point) **設備投資等の概要**

　　セグメントごとの設備投資額を公開している。多くの企業にとって設備投資は競争力
　　向上・維持のために必要不可欠だ。企業は売上の数％など一定の水準を設定して毎年
　　設備への投資を行う。半導体などのテクノロジー関連企業は装置産業であり，技術発
　　展がスピードが速いため，常に多額の設備投資を行う宿命にある。

の増加となりました。

　営業利益は，為替影響などはあったものの，減収に伴う利益の減少などにより，2,858億円と前連結会計年度にくらべ471億円，14.2%の減益となりました。

（パワープロダクツ事業及びその他の事業）

　パワープロダクツ事業の連結売上台数は，北米地域で減少したことなどにより，564万5千台と前連結会計年度にくらべ9.0%の減少となりました。パワープロダクツ事業及びその他の事業の外部顧客への売上収益は，為替換算による増加影響などにより，4,511億円と前連結会計年度にくらべ518億円，13.0%の増収となりました。また，前連結会計年度の為替レートで換算した場合，前連結会計年度にくらべ約76億円，約1.9%の増収と試算されます。セグメント間取引を含むパワープロダクツ事業及びその他の事業の売上収益は，4,764億円と前連結会計年度にくらべ546億円，13.0%の増収となりました。

　営業費用は，4,536億円と前連結会計年度にくらべ223億円，5.2%の増加となりました。売上原価は，為替影響などにより，3,692億円と前連結会計年度にくらべ198億円，5.7%の増加となりました。販売費及び一般管理費は，諸経費の減少などはあったものの，為替影響などにより，572億円と前連結会計年度にくらべ29億円，5.5%の増加となりました。研究開発費は，271億円と前連結会計年度にくらべ4億円，1.8%の減少となりました。

　営業利益は，販売影響による利益増や為替影響などにより，228億円と前連結会計年度にくらべ323億円の増益となりました。なお，パワープロダクツ事業及びその他の事業に含まれる航空機および航空機エンジンの営業損失は，為替換算による利益減などはあったものの，費用の減少などにより，257億円と前連結会計年度にくらべ79億円の改善となりました。

日本

　当連結会計年度の連結売上台数は，OEM向けエンジン（注）が増加したことなどにより，37万6千台と前連結会計年度にくらべ6.5%の増加となりました。

(注)　相手先ブランドで販売される商品に搭載されるエンジン
　　　OEM：Original Equipment Manufacturer

（point）　**主要な設備の状況**

　「設備投資等の概要」では各セグメントの1年間の設備投資金額のみの掲載だが，ここではより詳細に，現在セグメント別，または各子会社が保有している土地，建物，機械装置の金額が合計でどれくらいなのか知ることができる。

北米

当連結会計年度の連結売上台数は，OEM向けエンジンが減少したことなどにより，227万4千台と前連結会計年度にくらべ16.9％の減少となりました。

欧州

当連結会計年度の連結売上台数は，発電機の増加はあったものの，OEM向けエンジンが減少したことなどにより，116万8千台と前連結会計年度にくらべ1.8％の減少となりました。

アジア

当連結会計年度の連結売上台数は，OEM向けエンジンが減少したことなどにより，140万8千台と前連結会計年度にくらべ5.3％の減少となりました。

その他の地域

当連結会計年度の連結売上台数は，OEM向けエンジンが減少したことなどにより，41万9千台と前連結会計年度にくらべ3.2％の減少となりました。

② **重要な会計上の見積り** ‥‥‥‥‥‥‥‥‥‥‥‥‥‥‥‥‥‥‥‥‥‥‥‥‥‥‥‥‥

当社および連結子会社は，IFRSに準拠した連結財務諸表を作成するにあたり，会計方針の適用，資産・負債および収益・費用の報告額ならびに偶発資産・偶発債務の開示に影響を及ぼす判断，見積りおよび仮定の設定を行っています。実際の結果は，これらの見積りとは異なる場合があります。

なお，これらの見積りや仮定は継続して見直しています。会計上の見積りの変更による影響は，見積りを変更した報告期間およびその影響を受ける将来の報告期間において認識されます。

当社の連結財務諸表に重要な影響を与える可能性のある会計上の見積りおよび仮定に関する情報は，連結財務諸表注記の「2　作成の基礎（5）見積りおよび判断の利用」を参照ください。

③ **流動性と資金の源泉** ‥‥‥‥‥‥‥‥‥‥‥‥‥‥‥‥‥‥‥‥‥‥‥‥‥‥‥‥‥

（資金需要，源泉，使途に関する概要）

当社および連結子会社は，事業活動のための適切な資金確保，適切な流動性の

維持および健全なバランスシートの維持を財務方針としています。当社および連結子会社は，主に二輪車，四輪車およびパワープロダクツの製造販売を行うとともに，製品の販売をサポートするために，顧客および販売店に対する金融サービスを提供しています。生産販売事業における主な運転資金需要は，製品を生産するために必要となる部品および原材料や完成品の在庫資金のほか，販売店向けの売掛金資金です。また設備投資資金需要のうち主なものは，新機種の投入に伴う投資や，生産設備の拡充，合理化および更新ならびに販売施設や研究開発施設の拡充のための必要資金です。また，当社および連結子会社は，世界一のパワーユニットメーカーとして「環境」と「安全」に徹底的に取り組むとともに，新たな価値創造として，複合型ソリューションや新領域へのチャレンジに全社一丸となって取り組んでいます。こうした事業ポートフォリオの変革に向けても資金が必要となります。上記取組みに関する資源投入の計画に関しては，「1　経営方針，経営環境及び対処すべき課題等　④財務戦略　2.新たな価値創造を加速する資源投入」を参照ください。

　生産販売事業における必要資金については，主に営業活動から得られる資金，銀行借入金および社債の発行などによりまかなっております。なお，当社は，前連結会計年度において，「環境」と「安全」への取り組みに対する支出の一部を社債発行により調達するためのサステナブル・ファイナンス・フレームワークを設定し，資金使途をそのフレームワークに準じた環境事業に限定する米ドル建てグリーンボンドを，総額27.5億米ドル発行しました。これらを踏まえ，現在必要とされる資金水準を十分確保していると考えています。これら生産販売事業の資金調達に伴う当連結会計年度末の債務残高は8,027億円となっています。また，顧客および販売店に対する金融サービスでの必要資金については，主にミディアムタームノート，銀行借入金，金融債権の証券化，オペレーティング・リース資産の証券化，コマーシャルペーパーの発行および社債の発行などによりまかなっています。これら金融子会社の資金調達に伴う当連結会計年度末での債務残高は6兆8,674億円となっています。

　当社および連結子会社の借入必要額に，重要な季節的変動はありません。

　今後も必要資金と手元資金の状況を鑑みながら，必要に応じて資金調達を検討

(point) **設備の新設，除却等の計画**

　ここでは今後，会社がどの程度の設備投資を計画しているか知ることができる。毎期どれくらいの設備投資を行っているか確認すると，技術等での競争力維持に積極的な姿勢かどうか，どのセグメントを重要視しているか分かる。また景気が悪化したときは設備投資額を減らす傾向にある。

していきます。

（流動性）

　当社および連結子会社の当連結会計年度末の現金及び現金同等物3兆8,030億円は，主に米ドル建てと円建てを中心としていますが，その他の外貨建てでも保有しています。

　当社および連結子会社の当連結会計年度末の現金及び現金同等物は，売上収益の約2.7ヵ月相当の水準となっており，当社および連結子会社の事業運営上，十分な流動性を確保していると考えています。

　しかしながら，景気後退による市場の縮小や金融市場・為替市場の混乱などにより，流動性に一部支障をきたす場合も考えられます。このため，特に1兆483億円の短期債務を負う金融子会社では，継続的に債務を借り換えしているコマーシャルペーパーについて，代替流動性として合計1兆3,067億円相当の契約信用供与枠（コミットメントライン）を保有しています。さらに，有価証券報告書提出日（2023年6月23日）現在，当社および連結子会社は世界的に有力な銀行と契約に基づかない信用供与限度額を十分に設定しています。

　当社および連結子会社の当連結会計年度末の資金調達に係る債務は，主に米ドル建てを中心としていますが，円建てやその他の外貨建てでも保有しています。

　資金調達に係る債務の追加情報については，連結財務諸表注記の「15　資金調達に係る債務」および「25　金融リスク管理」を参照ください。

　また，当社および連結子会社が発行する短期および長期債券は，ムーディーズ・インベスターズ・サービス，スタンダード・アンド・プアーズおよび格付投資情報センターなどから，2023年3月31日現在，以下の信用格付を受けています。

	信用格付	
	短期格付	長期格付
ムーディーズ・インベスターズ・サービス	P−2	A3
スタンダード・アンド・プアーズ	A−2	A−
格付投資情報センター	a−1＋	AA

　なお，これらの信用格付は，当社および連結子会社が格付機関に提供する情報または格付機関が信頼できると考える他の情報に基づいて行われるとともに，当社および連結子会社の発行する特定の債券に係る信用リスクに対する評価に基づ

---

point　あえて高度な技術は追わず収益性を重視

　かつては，四輪車最高峰レース F-1 の他，様々な国際レースにワークス参戦し，「走る実験室」と称して新しい技術を市販車にも取り入れてきた。しかし最近は他社を凌駕する技術の新モデルを開発できず，競争優位性は低下している。今後は収益柱のセダン，SUV/ミニバンほか，コンパクトカーに重点的に開発投資する可能性が高い。

いています。各格付機関は当社および連結子会社の信用格付の評価において異なった基準を採用することがあり，かつ各格付機関が独自に評価を行っています。これらの信用格付はいつでも格付機関により改訂または取り消しされることがあります。また，これらの格付は債券の売買・保有を推奨するものではありません。

④　簿外取引

（貸出コミットメント）

　当社および連結子会社は，販売店に対する貸出コミットメント契約に基づき，貸付金の未実行残高を有しています。当連結会計年度末において，販売店への保証に対する割引前の将来最大支払額は，1,192億円です。これらの貸出コミットメント契約には，貸出先の信用状態等に関する審査を貸出の条件としているものが含まれているため，必ずしも貸出実行されるものではありません。

（従業員の債務に対する保証）

　当社および連結子会社は，当連結会計年度末において，従業員のための銀行住宅ローン59億円を保証しています。従業員が債務不履行に陥った場合，当社および連結子会社は，保証を履行することを要求されます。債務不履行が生じた場合に，当社および連結子会社が負う支払義務の割引前の金額は，当連結会計年度末において，上記の金額です。2023年3月31日現在，従業員は予定された返済を行えると考えられるため，当該支払義務により見積られた損失はありません。

⑤　契約上の債務

　当連結会計年度末における契約上の債務は，以下のとおりです。

	期間別支払金額(百万円)				
	合計	1年以内	1～3年	3～5年	それ以降
資金調達に係る債務	7,996,385	3,410,145	2,651,286	1,423,700	511,254
その他の金融負債	665,389	196,797	150,408	87,448	230,736
発注残高およびその他契約残高(注1)	107,865	90,669	17,048	148	―
確定給付制度への拠出(注2)	44,301	44,301	―	―	―
合計	8,813,940	3,741,912	2,818,742	1,511,296	741,990

(注) 1　当社および連結子会社の発注残高は，設備投資に関するものです。

(point) 株式の総数等

　発行可能株式総数とは，会社が発行することができる株式の総数のことを指す。役員会では，株主総会の了承を得ないで，必要に応じてその株数まで，株を発行することができる。敵対的TOBでは，経営陣が，自社をサポートしてくれる側に，新株を第三者割り当てで発行して，買収を防止することがある。

2 2024年度以降の拠出額は未確定であるため，確定給付制度への拠出は，次連結会計年度に拠出するもののみ記載しています。

⑥　市場リスクに関する定量および定性情報の開示 ······························
連結財務諸表注記の「25　金融リスク管理　（2）　市場リスク」を参照ください。

---

point **連結財務諸表等**

ここでは主に財務諸表の作成方法についての説明が書かれている。企業は大蔵省が定めた規則に従って財務諸表を作るよう義務付けられている。また金融商品法に従い，作成した財務諸表がどの監査法人によって監査を受けているかも明記されている。

設備の状況

1 設備投資等の概要

　当連結会計年度は，新機種の投入に伴う投資や，生産設備の拡充，合理化および更新ならびに販売施設や研究開発施設の拡充などを行いました。

　なお，当連結会計年度の設備投資実施額は493,908百万円となり，前連結会計年度にくらべ215,503百万円増加しました。

　セグメントごとの設備投資は，以下のとおりです。

セグメントの名称	前連結会計年度 （自　2021年4月1日 至　2022年3月31日） （百万円）	当連結会計年度 （自　2022年4月1日 至　2023年3月31日） （百万円）
二輪事業	36,754	44,818
四輪事業	230,476	438,469
金融サービス事業	340	216
パワープロダクツ事業 及びその他の事業	10,835	10,405
合計	278,405	493,908
オペレーティング・リース資産(外数)	2,026,098	1,543,448

(注) 上記の表には，無形資産を含めていません。

　二輪事業では，新機種の投入に伴う投資や，生産設備の拡充，合理化および更新ならびに販売施設や研究開発施設の拡充などにより44,818百万円の設備投資を実施しました。

　四輪事業では，新機種の投入に伴う投資や，生産設備の拡充，合理化および更新ならびに販売施設や研究開発施設の拡充などにより438,469百万円の設備投資を実施しました。

　金融サービス事業では，216百万円，パワープロダクツ事業及びその他の事業では，生産設備の拡充，合理化および更新ならびに研究開発施設の拡充などにより10,405百万円の設備投資を実施しました。

　オペレーティング・リース資産については，金融サービス事業におけるリース車両の取得により，1,543,448百万円の設備投資を実施しました。

　なお，設備の除却，売却等については，重要なものはありません。

(point) 連結財務諸表

　ここでは貸借対照表(またはバランスシート，BS)，損益計算書(PL)，キャッシュフロー計算書の詳細を調べることができる。あまり会計に詳しくない場合は，最低限，損益計算書の売上と営業利益を見ておけばよい。可能ならば，その数字が過去5年，10年の間にどのように変化しているか調べると会社への理解が深まるだろう。

当連結会計年度末における当社および連結子会社の主要な設備は，以下のとおりです。

（1） 提出会社

事業所名	主な所在地	従業員数(名)	セグメントの名称	設備の内容	土地面積(千㎡)	帳簿価額			
						土地(百万円)	建物及び構築物(百万円)	機械装置及び備品(百万円)	合計(百万円)
埼玉製作所	埼玉県大里郡寄居町	4,003	四輪事業	製造設備等	1,509(16)	24,939	57,090	37,717	119,746
鈴鹿製作所	三重県鈴鹿市	5,408	四輪事業	製造設備等	1,141(85)	5,904	27,353	48,761	82,018
トランスミッション製造部および細江船外機工場	静岡県浜松市	1,834	四輪事業パワープロダクツ事業及びその他の事業	製造設備等	383(94)	4,063	10,438	23,781	38,282
熊本製作所	熊本県菊池郡大津町	2,485	二輪事業四輪事業パワープロダクツ事業及びその他の事業	製造設備等	1,685	2,785	11,062	9,616	23,463
パワートレインユニット製造部	栃木県真岡市	737	四輪事業	製造設備等	211	2,807	3,637	4,251	10,695
本社他	東京都港区他	18,598	二輪事業四輪事業パワープロダクツ事業及びその他の事業	管理施設貸与資産及び研究開発用設備等	20,338(628)	295,466	153,870	59,409	508,745
合計	－	33,065	－	－	25,267(823)	335,964	263,450	183,535	782,949

（2） 国内子会社

会社名	主な所在地	従業員数(名)	セグメントの名称	設備の内容	土地面積(千㎡)	帳簿価額			
						土地(百万円)	建物及び構築物(百万円)	機械装置及び備品(百万円)	合計(百万円)
㈱本田技術研究所	栃木県芳賀郡芳賀町	4,068	二輪事業四輪事業パワープロダクツ事業及びその他の事業	研究開発用設備等	－(23)	0	2,164	18,765	20,929

(3) 在外子会社

会社名	主な所在地	従業員数（名）	セグメントの名称	設備の内容	土地面積（千㎡）	帳簿価額			
						土地（百万円）	建物及び構築物（百万円）	機械装置及び備品（百万円）	合計（百万円）
アメリカンホンダモーターカンパニー・インコーポレーテッド	米国カリフォルニア州トーランス	5,115	二輪事業 四輪事業 金融サービス事業 パワープロダクツ事業及びその他の事業	管理施設 販売施設 製造及び研究開発用設備等	25,310 (555)	11,361	58,684	47,880	117,925
ホンダディベロップメントアンドマニュファクチュアリングオブアメリカ・エル・エル・シー	米国オハイオ州メアリズビル	22,944	四輪事業	製造及び研究開発用設備等	50,982 (6)	23,519	175,696	454,163	653,378
ホンダカナダ・インコーポレーテッド	カナダオンタリオ州アリストン	5,995	二輪事業 四輪事業 パワープロダクツ事業及びその他の事業	製造設備等	3,927	6,828	28,193	79,589	114,610
ホンダ・デ・メキシコ・エス・エー・デ・シー・ブイ	メキシコグアナファト州セラヤ	6,197	二輪事業 四輪事業 パワープロダクツ事業及びその他の事業	製造設備等	6,939	6,390	45,304	41,545	93,239
本田汽車零件製造有限公司	中国佛山市	2,340	四輪事業	製造設備等	— (392)	—	7,193	25,380	32,573
ホンダモーターサイクルアンドスクーターインディアプライベート・リミテッド	インドグルグラム	7,307	二輪事業	製造設備等	1,090 (795)	5,046	17,346	35,363	57,755
ホンダカーズインディア・リミテッド	インドタプカラ	2,354	二輪事業 四輪事業 パワープロダクツ事業及びその他の事業	製造設備等	— (2,648)	4,203	14,520	27,051	45,774
ピー・ティ・ホンダプロスペクトモーター	インドネシアカラワン	2,738	四輪事業	製造設備等	785 (40)	4,023	8,540	30,943	43,506
ホンダオートモービル（タイランド）カンパニー・リミテッド	タイアユタヤ	4,080	四輪事業	製造設備等	3,455 (27)	11,401	36,999	36,232	84,632
タイホンダカンパニー・リミテッド	タイバンコク	3,756	二輪事業 パワープロダクツ事業及びその他の事業	製造設備等	434 (14)	8,938	9,016	14,756	32,710
ホンダベトナムカンパニー・リミテッド	ベトナムフックイエン	5,740	二輪事業 四輪事業	製造設備等	— (1,110)	2,361	8,104	18,923	29,388
モトホンダ・ダ・アマゾニア・リミターダ	ブラジルマナウス	6,804	二輪事業 パワープロダクツ事業及びその他の事業	製造設備等	11,139	2,428	17,098	15,605	35,131

(注) 1　帳簿価額には，建設仮勘定は含まれていません。

　　　2　提出会社には，（株）本田技術研究所などの連結子会社に対する土地，建物などの賃貸物件が含まれています。

　　　3　連結会社以外の者から賃借している主な設備には，店舗，社宅および駐車場などがあります。

　　　　なお，提出会社および子会社が連結会社以外の者から賃借している土地面積については，上記の表の（　）内に記載しており，外数です。

　　　4　連結会社以外の者に賃貸している重要な設備はありません。

　　　5　国内子会社および在外子会社の帳簿価額については，IFRSに基づく数値を記載しています。

3 設備の新設，除却等の計画

次連結会計年度（自2023年4月1日至2024年3月31日）の設備投資は400,000百万円を計画しています。

新機種の投入に伴う投資や，生産設備の拡充，合理化および更新ならびに販売施設や研究開発施設の拡充などを計画しています。

セグメントごとの設備投資計画は，以下のとおりです。

セグメントの名称	投資予定金額 （自 2023年4月1日 至 2024年3月31日） （百万円）
二輪事業	51,000
四輪事業	338,000
金融サービス事業	200
パワープロダクツ事業及びその他の事業	10,800
合計	400,000

(注) 1 経常的な設備の更新のための除却等を除き，重要な設備の除却等の計画はありません。

2 所要資金については主に自己資金および借入金などで充当する予定です。

3 オペレーティング・リースに係る設備投資は，上記の金融サービス事業における設備投資計画に含まれていません。

4 上記の表には，無形資産を含めていません。

二輪事業では，新機種の投入に伴う投資や，生産設備の拡充，合理化および更新ならびに販売施設や研究開発施設の拡充などに，51,000百万円の設備投資を計画しています。

四輪事業では，新機種の投入に伴う投資や，生産設備の拡充，合理化および更新ならびに販売施設や研究開発施設の拡充などに，338,000百万円の設備投資を計画しています。

金融サービス事業では，200百万円，パワープロダクツ事業及びその他の事業では，生産設備の拡充，合理化および更新ならびに研究開発施設の拡充などに，10,800百万円の設備投資を計画しています。

当連結会計年度において，新たに確定した重要な設備の新設等にかかる計画は，以下のとおりです。

当社の連結子会社であるホンダディベロップメントアンドマニュファクチュアリングオブアメリカ・エル・エル・シーは，今後のEVの本格的な生産に向けて，

米国オハイオ州内の3つの既存工場（四輪車を生産するメアリズビル工場とイーストリバティ工場，四輪車用パワートレインを生産するアンナ・エンジン工場）に，合計7億米ドルを投資して生産設備を更新します。この設備は，2026年の稼働を予定しています。今後，これらの工場を，北米におけるEV生産のハブ拠点として進化させていきます。

　当連結会計年度において，新たに確定した重要な設備の除却等にかかる計画はありません。

■ 提出会社の状況

1　株式等の状況

（1）　株式の総数等 ···

① 株式の総数

種類	発行可能株式総数（株）
普通株式	7,086,000,000
計	7,086,000,000

② 発行済株式

種類	事業年度末現在発行数（株）（2023年3月31日）	提出日現在発行数（株）（2023年6月23日）	上場金融商品取引所名又は登録認可金融商品取引業協会名	内容
普通株式	1,811,428,430	1,811,428,430	東京証券取引所プライム市場ニューヨーク証券取引所	単元株式数100株
計	1,811,428,430	1,811,428,430	―	―

(注) ADR（米国預託証券）をニューヨーク証券取引所に上場しています。

1　連結財務諸表及び財務諸表の作成方法について ································

(1)　当社の連結財務諸表は，「連結財務諸表の用語，様式及び作成方法に関する規則」（1976年（昭和51年）大蔵省令第28号，以下「連結財務諸表規則」という。）第93条の規定により，国際会計基準（以下「IFRS」という。）に準拠して作成しています。

(2)　当社の財務諸表は，「財務諸表等の用語，様式及び作成方法に関する規則」（1963年（昭和38年）大蔵省令第59号，以下「財務諸表等規則」という。）に基づいて作成しています。

　　また，当社は，特例財務諸表提出会社に該当し，財務諸表等規則第127条の規定により財務諸表を作成しています。

2　監査証明について ···

　当社は，金融商品取引法第193条の2第1項の規定に基づき，連結会計年度（2022年4月1日から2023年3月31日まで）の連結財務諸表および事業年度（2022年4月1日から2023年3月31日まで）の財務諸表について，有限責任あずさ監査法人により監査を受けています。

3　連結財務諸表等の適正性を確保するための特段の取組み及びIFRSに基づいて連結財務諸表等を適正に作成することができる体制の整備について ·········

　当社は，連結財務諸表等の適正性を確保するための特段の取組み及びIFRSに基づいて連結財務諸表等を適正に作成することができる体制の整備を行っています。その内容は，以下のとおりです。

(1)　会計基準等の内容を適切に把握し，会計基準等の変更等について的確に対応するため，公益財団法人財務会計基準機構へ加入するなど，情報収集に努めています。

(2)　IFRSの適用については，国際会計基準審議会（以下「IASB」という。）が公表するプレスリリースや基準書を随時入手し，最新の基準の把握を行っていま

す。また，IFRSに基づいて連結財務諸表を適正に作成するため，IFRSに準拠
したグループ会計方針および関連する会計指針を作成し，これらに基づいてグ
ループで統一した会計処理を行っています。
（3）　取締役代表執行役社長および取締役代表執行役副社長最高財務責任者によ
る開示内容の正確性・的確性の確認を補佐するために，担当の執行職などに
よって構成される「ディスクロージャー委員会」を設置し，開示内容について
審議しています。

（1） 連結財務諸表 ・・・

① 連結財政状態計算書

（単位：百万円）

	注記番号	前連結会計年度末 （2022年3月31日）	当連結会計年度末 （2023年3月31日）
（資産の部）			
流動資産			
現金及び現金同等物	5	3,674,931	3,803,014
営業債権	6	896,768	1,060,271
金融サービスに係る債権	7	1,694,113	1,899,493
その他の金融資産	8	217,743	263,892
棚卸資産	9	1,918,548	2,167,184
その他の流動資産		439,322	384,494
流動資産合計		8,841,425	9,578,348
非流動資産			
持分法で会計処理されている投資	10	967,404	915,946
金融サービスに係る債権	7	3,740,383	3,995,259
その他の金融資産	8	819,654	855,070
オペレーティング・リース資産	11	5,159,129	4,726,292
有形固定資産	12	3,079,407	3,168,109
無形資産	13	849,507	870,900
繰延税金資産	23	91,592	105,792
その他の非流動資産		424,652	454,351
非流動資産合計		15,131,728	15,091,719
資産合計		23,973,153	24,670,067

	注記番号	前連結会計年度末 （2022年3月31日）	当連結会計年度末 （2023年3月31日）
（負債及び資本の部）			
流動負債			
営業債務	14	1,236,233	1,426,333
資金調達に係る債務	15	3,118,304	3,291,195
未払費用		375,601	419,570
その他の金融負債	16	236,900	324,110
未払法人所得税		96,116	86,252
引当金	17	268,388	362,701
その他の流動負債		672,857	741,963
流動負債合計		6,004,399	6,652,124
非流動負債			
資金調達に係る債務	15	4,984,252	4,373,973
その他の金融負債	16	282,083	288,736
退職給付に係る負債	18	282,054	255,852
引当金	17	253,625	270,169
繰延税金負債	23	990,754	877,300
その他の非流動負債		403,440	449,622
非流動負債合計		7,196,208	6,515,652
負債合計		13,200,607	13,167,776
資本			
資本金		86,067	86,067
資本剰余金		185,495	185,589
自己株式		△328,309	△484,931
利益剰余金		9,539,133	9,980,128
その他の資本の構成要素		990,438	1,417,397
親会社の所有者に帰属する持分合計		10,472,824	11,184,250
非支配持分		299,722	318,041
資本合計	19	10,772,546	11,502,291
負債及び資本合計		23,973,153	24,670,067

② 連結損益計算書及び連結包括利益計算書

連結損益計算書

	注記番号	前連結会計年度 （自 2021年4月1日 至 2022年3月31日）	当連結会計年度 （自 2022年4月1日 至 2023年3月31日）
売上収益	20	14,552,696	16,907,725
営業費用			
売上原価		△11,567,923	△13,576,133
販売費及び一般管理費		△1,326,485	△1,669,908
研究開発費	21	△787,056	△880,915
営業費用合計		△13,681,464	△16,126,956
営業利益		871,232	780,769
持分法による投資利益	10	202,512	117,445
金融収益及び金融費用			
受取利息	22	25,627	73,071
支払利息	22	△16,867	△36,112
その他（純額）	22	△12,314	△55,608
金融収益及び金融費用合計		△3,554	△18,649
税引前利益		1,070,190	879,565
法人所得税費用	23	△309,489	△162,256
当期利益		760,701	717,309
当期利益の帰属：			
親会社の所有者		707,067	651,416
非支配持分		53,634	65,893
1株当たり当期利益（親会社の所有者に帰属）			
基本的および希薄化後	24	411円09銭	384円02銭

連結包括利益計算書

（単位：百万円）

	注記番号	前連結会計年度 （自 2021年4月1日 至 2022年3月31日）	当連結会計年度 （自 2022年4月1日 至 2023年3月31日）
当期利益		760,701	717,309
その他の包括利益（税引後）			
純損益に振り替えられることのない項目			
確定給付制度の再測定		117,042	3,350
その他の包括利益を通じて公正価値で 測定する金融資産の公正価値の純変動		58,635	△18,465
持分法適用会社の その他の包括利益に対する持分	10	1,786	292
純損益に振り替えられる可能性のある項目			
その他の包括利益を通じて公正価値で 測定する金融資産の公正価値の純変動		△682	△474
在外営業活動体の為替換算差額		680,724	422,960
持分法適用会社の その他の包括利益に対する持分	10	77,447	30,429
その他の包括利益（税引後）合計	19	934,952	438,092
当期包括利益		1,695,653	1,155,401
当期包括利益の帰属：			
親会社の所有者		1,619,997	1,081,429
非支配持分		75,656	73,972

③ 連結持分変動計算書

前連結会計年度（自　2021年4月1日　至　2022年3月31日）

（単位：百万円）

	注記番号	資本金	資本剰余金	自己株式	利益剰余金	その他の資本の構成要素	合計	非支配持分	資本合計
2021年4月1日残高		86,067	172,049	△273,786	8,901,266	196,710	9,082,306	290,533	9,372,839
当期包括利益									
当期利益					707,067		707,067	53,634	760,701
その他の包括利益（税引後）	19					912,930	912,930	22,022	934,952
当期包括利益合計					707,067	912,930	1,619,997	75,656	1,695,653
利益剰余金への振替	19				119,202	△119,202	―		―
所有者との取引等									
配当金の支払額	19				△188,402		△188,402	△45,131	△233,533
自己株式の取得				△62,758			△62,758		△62,758
自己株式の処分				578			578		578
株式報酬取引			△233				△233		△233
資本取引及びその他			13,679	7,657			21,336	△21,336	―
所有者との取引等合計			13,446	△54,523	△188,402		△229,479	△66,467	△295,946
2022年3月31日残高		86,067	185,495	△328,309	9,539,133	990,438	10,472,824	299,722	10,772,546

当連結会計年度（自　2022年4月1日　至　2023年3月31日）

（単位：百万円）

	注記番号	資本金	資本剰余金	自己株式	利益剰余金	その他の資本の構成要素	合計	非支配持分	資本合計
2022年4月1日残高		86,067	185,495	△328,309	9,539,133	990,438	10,472,824	299,722	10,772,546
当期包括利益									
当期利益					651,416		651,416	65,893	717,309
その他の包括利益（税引後）	19					430,013	430,013	8,079	438,092
当期包括利益合計					651,416	430,013	1,081,429	73,972	1,155,401
利益剰余金への振替	19				3,054	△3,054	―		―
所有者との取引等									
配当金の支払額	19				△213,475		△213,475	△51,601	△265,076
自己株式の取得				△157,001			△157,001		△157,001
自己株式の処分				379			379		379
株式報酬取引			94				94		94
資本取引及びその他								△4,052	△4,052
所有者との取引等合計			94	△156,622	△213,475		△370,003	△55,653	△425,656
2023年3月31日残高		86,067	185,589	△484,931	9,980,128	1,417,397	11,184,250	318,041	11,502,291

④ 連結キャッシュ・フロー計算書

(単位:百万円)

	注記番号	前連結会計年度 (自 2021年4月1日 至 2022年3月31日)	当連結会計年度 (自 2022年4月1日 至 2023年3月31日)
営業活動によるキャッシュ・フロー			
税引前利益		1,070,190	879,565
減価償却費、償却費及び減損損失 (オペレーティング・リース資産除く)		611,063	721,630
持分法による投資利益		△202,512	△117,445
金融収益及び金融費用		△56,352	△71,661
金融サービスに係る利息収益及び利息費用		△155,872	△146,461
資産及び負債の増減			
営業債権		△24,037	△155,924
棚卸資産		△208,895	△171,467
営業債務		50,122	105,272
未払費用		△68,811	42,122
引当金及び退職給付に係る負債		△156,079	90,880
金融サービスに係る債権		509,741	△41,480
オペレーティング・リース資産		171,600	768,070
その他資産及び負債		28,981	218,369
その他(純額)		△19,782	△1,222
配当金の受取額		193,555	244,902
利息の受取額		237,724	324,234
利息の支払額		△97,884	△159,020
法人所得税の支払及び還付額		△203,130	△401,342
営業活動によるキャッシュ・フロー		1,679,622	2,129,022
投資活動によるキャッシュ・フロー			
有形固定資産の取得による支出		△268,143	△475,048
無形資産の取得及び内部開発による支出		△181,083	△157,440
有形固定資産及び無形資産の売却による収入		27,108	16,206
子会社の売却による収入 (処分した現金及び現金同等物控除後)		−	740
持分法で会計処理されている投資の取得による支出		−	△23,826
その他の金融資産の取得による支出		△488,631	△527,334
その他の金融資産の売却及び償還による収入		534,693	488,642
投資活動によるキャッシュ・フロー		△376,056	△678,060
財務活動によるキャッシュ・フロー			
短期資金調達による収入		7,487,724	9,127,333
短期資金調達に係る債務の返済による支出		△7,960,144	△8,684,799
長期資金調達による収入		2,002,823	971,067
長期資金調達に係る債務の返済による支出		△1,761,561	△2,382,190
親会社の所有者への配当金の支払額		△188,402	△213,475
非支配持分への配当金の支払額		△53,813	△51,376
自己株式の取得及び売却による収支		△62,180	△156,622
リース負債の返済による支出		△80,165	△78,297
財務活動によるキャッシュ・フロー		△615,718	△1,468,359
為替変動による現金及び現金同等物への影響額		229,063	145,480
現金及び現金同等物の純増減額		916,911	128,083
現金及び現金同等物の期首残高		2,758,020	3,674,931
現金及び現金同等物の期末残高	5	3,674,931	3,803,014

【連結財務諸表注記】

1 報告企業

本田技研工業株式会社（以下「当社」という。）は日本に所在する企業です。当社および連結子会社は、二輪車、四輪車、パワープロダクツなどの開発、製造、販売を世界各国で行っています。また、これらの事業における販売活動をサポートするために、顧客および販売店に対して金融サービス事業を営んでいます。主な生産拠点は、日本、米国、カナダ、メキシコ、中国、インド、インドネシア、マレーシア、タイ、ベトナム、ブラジルにあります。

2 作成の基礎

(1) 連結財務諸表がIFRSに準拠している旨の記載

当社は、連結財務諸表規則第1条の2に掲げる「指定国際会計基準特定会社」の要件をすべて満たしているため、同第93条の規定により、連結財務諸表をIFRSに準拠して作成しています。

(2) 測定の基礎

当社の連結財務諸表は、連結財務諸表注記の「3重要な会計方針」に別途記載している一部の資産および負債を除き、取得原価を基礎として作成しています。

(3) 機能通貨および表示通貨

当社の連結財務諸表は、当社の機能通貨である日本円を表示通貨としており、特に注釈のない限り、百万円未満を四捨五入して表示しています。

(4) 未適用の新たな基準書および解釈指針

連結財務諸表の承認日までに公表されている基準書および解釈指針のうち、適用が強制されないため当連結会計年度末において適用していないもので、当社の連結財務諸表に重要な影響を与えるものはありません。

(5) 見積りおよび判断の利用

当社および連結子会社は、IFRSに準拠した連結財務諸表を作成するにあたり、会計方針の適用、資産・負債および収益・費用の報告額ならびに偶発資産・偶発債務の開示に影響を及ぼす判断、見積りおよび仮定の設定を行っています。実際の結果は、これらの見積りとは異なる場合があります。

なお，これらの見積りや仮定は継続して見直しています。会計上の見積りの変更による影響は，見積りを変更した報告期間およびその影響を受ける将来の報告期間において認識されます。

　当社の連結財務諸表に重要な影響を与える会計方針の適用に際して行った判断に関する情報は，以下のとおりです。

- ・連結子会社，関連会社および共同支配企業の範囲（注記3（1），3（2））
- ・開発から生じた無形資産の認識（注記3（8））
- ・リースを含む契約の会計処理（注記3（9））

　当社の連結財務諸表に重要な影響を与える可能性のある会計上の見積りおよび仮定に関する情報は，以下のとおりです。

- ・オペレーティング・リース資産の残存価額（注記3（6））
- ・償却原価で測定する金融資産およびその他の包括利益を通じて公正価値で測定する金融資産に分類した負債性証券の評価（注記6,7,8）
- ・金融商品の公正価値（注記26）
- ・棚卸資産の正味実現可能価額（注記9）
- ・非金融資産の回収可能価額（注記11,12,13）
- ・引当金の測定（注記17）
- ・確定給付負債（資産）の測定（注記18）
- ・繰延税金資産の回収可能性（注記23）
- ・偶発債務により経済的便益を有する資源の流出が生じる可能性および規模（注記28）

3　重要な会計方針 ……………………………………………………………
（1）　連結の基礎 ………………………………………………………………

　当社の連結財務諸表は，当社および当社が直接または間接に支配する連結子会社，ならびに当社および連結子会社が支配するストラクチャード・エンティティの勘定を全て含んでいます。全ての重要な連結会社間の債権・債務残高および取引高は，当社の連結財務諸表作成にあたり消去しています。

支配とは，投資先への関与により生じる変動リターンに対するエクスポージャー
または権利を有し，かつ，その投資先に対するパワー（関連性のある活動を指図
する能力）を通じてそれらのリターンに影響を及ぼす能力を有している場合をい
います。当社および連結子会社は，支配の有無を，議決権または類似の権利の状
況や投資先に関する契約内容などに基づき，総合的に判断しています。

　ストラクチャード・エンティティとは，議決権または類似の権利が支配の有無
の判定において決定的な要因とならないように設計された事業体をいいます。当
社および連結子会社は，ストラクチャード・エンティティに対する支配の有無を，
議決権または類似の権利の保有割合に加え，投資先に対する契約上の取決めなど
を勘案して総合的に判定し，支配を有するストラクチャード・エンティティを連
結しています。

　連結子会社の財務諸表は，支配を獲得した日から支配を喪失した日までの間，
当社の連結財務諸表に含めています。連結子会社が適用する会計方針が当社の適
用する会計方針と異なる場合には，必要に応じて当該連結子会社の財務諸表を調
整しています。

　支配の喪失に至らない連結子会社に対する当社の所有持分の変動は，資本取引
として会計処理しています。また，連結子会社に対する支配を喪失した場合には，
残存する持分を支配を喪失した時点の公正価値で測定したうえで，支配の喪失か
ら生じた利得および損失を純損益として認識しています。

(2)　関連会社および共同支配企業に対する投資（持分法で会計処理されている 投資）

　関連会社とは，当社および連結子会社が財務および営業の方針決定に対して重
要な影響力を有しているものの，支配または共同支配を有していない企業をいい
ます。

　共同支配企業とは，当社および連結子会社を含む複数の当事者が共同支配の取
決めに基づき，それぞれの当事者が投資先の純資産に対する権利を有している場
合の当該投資先をいいます。共同支配は，契約上合意された支配の共有であり，
関連性のある活動に関する意思決定に，支配を共有している当事者全員の一致し

た合意を必要とする場合にのみ存在します。

　関連会社および共同支配企業に対する投資は，投資先が関連会社または共同支配企業に該当すると判定された日から該当しないと判定された日まで，持分法で会計処理しています。持分法では，投資を当初認識時に取得原価で認識し，それ以降に投資先が認識した純損益およびその他の包括利益に対する当社および連結子会社の持分に応じて投資額を変動させています。持分法の適用に際し，持分法適用会社となる関連会社または共同支配企業が適用する会計方針が当社の適用する会計方針と異なる場合には，必要に応じて当該関連会社または共同支配企業の財務諸表を調整しています。

　関連会社または共同支配企業に該当しなくなり，持分法の適用を中止した場合には，残存する持分を公正価値で測定したうえで，持分法の適用を中止したことから生じた利得または損失を純損益として認識しています。

（3）　外貨換算 ……………………………………………………………………………
①　外貨建取引

　外貨建取引は，取引が発生した時点の為替レートで当社および連結子会社の各機能通貨に換算しています。外貨建債権債務は，報告期間の期末日の為替レートで当社および連結子会社の各機能通貨に換算しています。この結果生じる損益および決済時の為替換算による損益は，純損益として認識し，連結損益計算書の金融収益及び金融費用のその他（純額）に含めています。

②　在外営業活動体

　在外の連結子会社，関連会社および共同支配企業（以下「在外営業活動体」という。）の財務諸表項目の換算については，資産および負債は報告期間の期末日の為替レートにより，また，収益および費用は機能通貨が超インフレ経済国の通貨である場合を除き，対応する期間の平均為替レートにより円貨に換算しています。この結果生じる換算差額はその他の包括利益に認識し，連結財政状態計算書のその他の資本の構成要素に含めています。在外営業活動体を処分し，支配，重要な影響力または共同支配企業の取決めを喪失した場合は，この在外営業活動体に関連する換算差額の累積額を純損益に振り替えています。

(4) 金融商品 ··

　金融商品とは，一方の企業にとっての金融資産と，他の企業にとっての金融負債または資本性証券の双方を生じさせる契約をいいます。当社および連結子会社は，契約の当事者となった時点で，金融商品を金融資産または金融負債として認識しています。なお，金融資産の売買は，取引日において認識または認識の中止を行っています。

① デリバティブ以外の金融資産

　当社および連結子会社は，当初認識時に，デリバティブ以外の金融資産を償却原価で測定する金融資産，その他の包括利益を通じて公正価値で測定する金融資産および純損益を通じて公正価値で測定する金融資産に分類しています。

　当社および連結子会社は，金融資産から生じるキャッシュ・フローに対する契約上の権利が消滅した時点，または，金融資産から生じるキャッシュ・フローを受け取る契約上の権利を譲渡し，リスクと経済的便益を実質的にすべて移転した時点で，金融資産の認識を中止しています。

（償却原価で測定する金融資産）

　当社および連結子会社は，契約上のキャッシュ・フローを回収することを事業上の目的として保有する金融資産で，かつ金融資産の契約条件により特定の日に元本および元本残高に対する利息の支払いのみによるキャッシュ・フローを生じさせる金融資産を，償却原価で測定する金融資産に分類しています。償却原価で測定する金融資産は，顧客との契約から生じる営業債権を除き当初認識時に公正価値で測定し，顧客との契約から生じる営業債権は当初認識時に取引価額で測定しています。償却原価で測定する金融資産は，当初認識後は実効金利法による償却原価により測定しています。

（公正価値で測定する金融資産）

　当社および連結子会社は，償却原価で測定する金融資産以外の金融資産を，公正価値で測定する金融資産に分類しています。公正価値で測定する金融資産は，さらに以下の区分に分類または指定しています。

（その他の包括利益を通じて公正価値で測定する金融資産）

　負債性証券のうち，契約上のキャッシュ・フローを回収することと売却の両方

を事業上の目的として保有する金融資産で，かつ金融資産の契約条件により特定の日に元本および元本残高に対する利息の支払いのみによるキャッシュ・フローを生じさせる金融資産を，その他の包括利益を通じて公正価値で測定する金融資産に分類しています。当該負債性証券は，当初認識時に公正価値で測定し，当初認識後の公正価値の変動を，減損利得または減損損失および為替差損益を除き，その他の包括利益として認識しています。当該負債性証券の認識の中止が行われる場合，過去にその他の包括利益に認識した利得または損失の累計額を資本から純損益に振り替えています。

　また，投資先との取引関係の維持または強化を主な目的として保有する株式などの資本性証券について，当初認識時に，その他の包括利益を通じて公正価値で測定する金融資産に指定しています。その他の包括利益を通じて公正価値で測定する金融資産に指定した資本性証券は，当初認識時に公正価値で測定し，当初認識後の公正価値の変動をその他の包括利益として認識しています。ただし，当該資本性証券から生じる配当金については，原則として，純損益として認識しています。当該資本性証券の認識の中止が行われる場合，過去にその他の包括利益に認識した利得または損失の累計額を直接利益剰余金に振り替えています。

（純損益を通じて公正価値で測定する金融資産）

　当社および連結子会社は，公正価値で測定する金融資産のうち，その他の包括利益を通じて公正価値で測定する金融資産に分類または指定しなかった金融資産を，純損益を通じて公正価値で測定する金融資産に分類しています。純損益を通じて公正価値で測定する金融資産は，当初認識時に公正価値で測定し，当初認識後の公正価値の変動を純損益として認識しています。

（現金及び現金同等物）

　現金及び現金同等物は，現金，随時引き出し可能な預金，および容易に換金可能であり，かつ価値の変動について僅少なリスクしか負わない流動性の高い短期投資により構成されています。当社および連結子会社は，取得日から3ヵ月以内に満期の到来する極めて流動性の高い債券および類似金融商品を現金同等物としています。

---

② デリバティブ以外の金融負債

　当社および連結子会社は，デリバティブ以外の金融負債を，当初認識時に公正価値で測定し，当初認識後は，実効金利法による償却原価により測定しています。

　当社および連結子会社は，契約上の義務が免責，取消しまたは失効した時点で，金融負債の認識を中止しています。

③ デリバティブ

　当社および連結子会社は，為替リスクおよび金利リスクを管理する目的で，種々の外国為替契約および金利契約を締結しています。これらの契約には，為替予約，通貨オプション契約，通貨スワップ契約および金利スワップ契約が含まれています。

　当社および連結子会社は，これらのすべてのデリバティブについて，デリバティブの契約の当事者となった時点で資産または負債として当初認識し，公正価値により測定しています。当初認識後における公正価値の変動は，直ちに純損益として認識しています。

　なお，前連結会計年度および当連結会計年度において，当社および連結子会社がヘッジ手段として指定しているデリバティブはありません。

④ 金融資産および金融負債の相殺

　当社および連結子会社は，金融資産および金融負債について，資産および負債として認識された金額を相殺するため法的に強制力のある権利を有し，かつ，純額で決済するか，もしくは資産の実現と債務の決済を同時に実行する意思を有している場合にのみ相殺し，連結財政状態計算書において純額で表示しています。

(5)　棚卸資産

　棚卸資産は，取得原価と正味実現可能価額のうち，いずれか低い額により測定しています。棚卸資産の取得原価には購入原価，加工費が含まれており，原価の算定に当たっては原則として先入先出法を使用しています。加工費には通常操業度に基づく製造間接費の配賦額を含めています。正味実現可能価額は，通常の事

業の過程における予想販売価額から，完成までに要する見積原価および販売に要する見積費用を控除して算定しています。

(6) オペレーティング・リース資産

　当社および連結子会社は，原価モデルを採用し，オペレーティング・リース資産を取得原価から減価償却累計額および減損損失累計額を控除した金額で表示しています。

　当社および連結子会社は，オペレーティング・リースとして貸与している車両について，当初認識時に取得原価で測定し，リース契約で定められている期間にわたり，残存価額まで定額法によって減価償却しています。

　米国に所在する当社の最も重要な金融子会社においては，オペレーティング・リース開始時に，将来の中古車価格の見積りに基づいて，リース車両の契約上の残存価額を設定しています。リース車両については，契約上の残存価額と見積残存価額のいずれか低い価額までリース期間にわたり均等償却をし，少なくとも四半期に一度，見積残存価額を見直しています。なお，見積残存価額の修正については，オペレーティング・リース資産の減価償却費として，残存リース期間にわたり均等償却しています。車両をリースしている顧客は，リース期間満了時において，そのリース車両を契約上の残存価額で買い取るか，もしくは販売店に返却する選択権を持っています（リース期間満了前にリース車両を買い取る場合は，契約上の未払残高で買い取ります）。リース車両を返却された販売店は，リース期間満了時に顧客から返却されたリース車両を契約上の残存価額で買い取るか，市場価格で買い取る選択権を持っています（リース期間満了前にリース車両を買い取る場合は，契約上の未払残高で買い取ります）。リース車両を返却された販売店がリース車両を買い取らなかった場合は，市場のオークションによってリース車両を売却します。

　見積残存価額は以下の2つの重要な構成要素に基づいています。

　① 予測リース車両返却率，すなわちリース期間満了時に，顧客から金融子会社に返却されると予測されるリース車両の割合

　② リース期間満了時における予測市場価額

これらの見積りにあたっては，一般的な経済指標，新車および中古車の外部市場情報並びに過去の実績等のさまざまな要素も勘案しています。

(7)　有形固定資産 ··

　当社および連結子会社は，原価モデルを採用し，有形固定資産を取得原価から減価償却累計額および減損損失累計額を控除した金額で表示しています。

　当社および連結子会社は，有形固定資産を当初認識時に取得原価で測定しています。有形固定資産の取得後に発生した支出については，その支出により将来当社および連結子会社に経済的便益がもたらされることが見込まれる場合に限り，有形固定資産の取得原価に含めています。

　当社および連結子会社は，土地等の減価償却を行わない資産を除き，各資産について，それぞれの見積耐用年数にわたり，見積残存価額まで定額法によって減価償却しています。有形固定資産の減価償却費を算定するために使用した主な見積耐用年数は，以下のとおりです。

資産	見積耐用年数
建物及び構築物	3年～50年
機械装置及び備品	2年～20年

　有形固定資産の減価償却方法，耐用年数および残存価額は，各連結会計年度末に見直しを行い，変更が必要な場合は，会計上の見積りの変更として将来に向かって調整しています。

　連結財政状態計算書上の有形固定資産には，リース取引による使用権資産が含まれています。

　使用権資産の会計処理については，「3　重要な会計方針（9）リース」を参照ください。

(8)　無形資産 ··

　当社および連結子会社は，原価モデルを採用し，無形資産を取得原価から償却累計額および減損損失累計額を控除した金額で表示しています。

（研究開発費）

　製品の開発に関する支出は，当社および連結子会社がその開発を完成させる技術上および事業上の実現可能性を有しており，その成果を使用する意図，能力およびそのための十分な資源を有し，将来経済的便益を得られる可能性が高く，信頼性をもってその原価を測定可能な場合にのみ，無形資産として認識しています。

　資産計上した開発費（以下「開発資産」という。）の取得原価は，上記の無形資産に関する認識要件を最初に満たした時点から開発が完了した時点までの期間に発生した費用の合計額で，製品の開発に直接起因する全ての費用が含まれます。開発資産は，開発した製品の見積モデルライフサイクル期間（主に2年～6年）にわたり定額法で償却しています。

　研究に関する支出および上記の認識要件を満たさない開発に関する支出は，発生時に費用として認識しています。

（その他の無形資産）

　当社および連結子会社は，その他の無形資産を当初認識時に取得原価で測定し，それぞれの見積耐用年数にわたり，定額法で償却しています。その他の無形資産は，主に自社利用目的のソフトウェアであり，その見積耐用年数は概ね3年～5年です。

　無形資産の償却方法および耐用年数は，各連結会計年度末に見直しを行い，変更が必要な場合は，会計上の見積りの変更として将来に向かって調整しています。

(9)　リース ……………………………………………………………………

　当社および連結子会社は，契約の開始時に，契約がリースであるまたはリースを含んだものであるか判定します。特定された資産の使用を支配する権利を一定期間にわたり対価と交換に移転する契約は，リースであるかまたはリースを含んでいます。使用期間全体を通じて特定された資産の使用からの経済的便益のほとんどすべてを得る権利と，特定された資産の使用を指図する権利を借手が有している場合に，資産の使用を支配する権利が移転すると判定されます。

①　借手としてのリース

　当社および連結子会社は，使用権資産およびリース負債をリース開始日に認識

しています。

　当社および連結子会社は，使用権資産を当初認識時に取得原価で測定しており，当該取得原価は，主にリース開始日以前に支払ったリース料を調整したリース負債の当初認識の金額，借手に発生した当初直接コスト，原資産の解体および除去費用や原状回復費用の見積りの合計で構成されています。当社および連結子会社は，リース構成部分と非リース構成部分を含んだ契約について，非リース構成部分を区別せずに，リース構成部分と非リース構成部分を単一のリース構成部分として会計処理しています。

　当社および連結子会社は，原価モデルを採用し，使用権資産を取得原価から減価償却累計額および減損損失累計額を控除した金額で表示しています。当初認識後，リース開始日から原資産の耐用年数の終了時またはリース期間の終了時のいずれか早い方まで定額法を用いて減価償却しています。原資産の見積耐用年数は，「3　重要な会計方針（7）有形固定資産」を参照ください。

　リース負債はリース開始日現在で支払われていないリース料の現在価値で当初認識しています。当該リース料は，リースの計算利子率が容易に算定できる場合には，当該利子率を用いて割引いていますが，そうでない場合には，当社および連結子会社の追加借入利子率を使用しています。リース負債の測定に含まれているリース料は，主に固定リース料（延長オプションの行使が合理的に確実である場合の延長期間のリース料を含む），解約しないことが合理的に確実である場合を除いたリースの解約に対するペナルティの支払額で構成されています。

　当初認識後，リース負債の残高に対して一定の利子率となるように算定された金融費用を増額し，支払われたリース料を減額しています。リース負債は，延長オプションや解約オプションの行使可能性の評価に変更が生じた場合に再測定しています。

　リース負債が再測定された場合には，リース負債の再測定の金額を使用権資産の修正として認識しています。ただし，使用権資産の帳簿価額がゼロまで減額され，さらにリース負債を減額する場合は，当該再測定の残額を純損益に認識しています。

（point）**財務諸表**

　　この項目では，連結ではなく単体の貸借対照表と，損益計算書の内訳を確認することができる。連結＝単体＋子会社なので，会社によっては単体の業績を調べて連結全体の業績予想のヒントにする場合があるが，あまりその必要性がある企業は多くない。

② 貸手としてのリース ···

　当社および連結子会社は，リースを含む契約について，原資産の所有に伴うリスクと経済的価値のほとんどすべてを借手に移転するリースをファイナンス・リースに分類し，その他のリースをオペレーティング・リースとして分類しています。サブリースは，原資産ではなくヘッドリースから生じる使用権資産を参照して分類しています。

　当社の金融子会社は，車両のリースを行っています。ファイナンス・リースに係る顧客からの受取債権は，リース投資未回収総額をリースの計算利子率で割引いた現在価値で当初認識し，連結財政状態計算書上の金融サービスに係る債権に含めています。オペレーティング・リースとして貸与している車両は，オペレーティング・リース資産として連結財政状態計算書に表示しています。

　契約がリース構成部分と非リース構成部分を含んでいる場合には，契約における対価をIFRS第15号に従い配分しています。

(10) 減損 ···

① 償却原価で測定する金融資産およびその他の包括利益を通じて公正価値で測定する金融資産に分類された負債性証券

　当社および連結子会社は，営業債権以外の償却原価で測定する金融資産およびその他の包括利益を通じて公正価値で測定する金融資産に分類された負債性証券の減損に係る引当金については次の3つのステージからなる予想損失モデルにより測定しています。

　　　ステージ1　当初認識以降に信用リスクが著しく増大していない金融資産に対する12ヵ月の予想信用損失

　　　ステージ2　当初認識以降に信用リスクが著しく増大したが，信用減損はしていない金融資産に対する全期間の予想信用損失

　　　ステージ3　信用減損金融資産に対する全期間の予想信用損失

　営業債権の減損に係る引当金については常に全期間の予想信用損失に等しい金額で測定しています。全期間の予想信用損失は金融資産の予想存続期間にわたるすべての生じ得る債務不履行事象から生じる予想信用損失であり，12ヵ月の予

想信用損失は全期間の予想信用損失のうち報告日後12ヵ月以内に生じ得る債務不履行事象から生じる予想信用損失です。予想信用損失は契約上のキャッシュ・フローと回収が見込まれるキャッシュ・フローの差額を当初の実効金利で割引き，確率加重した見積りです。

（金融サービスに係る債権―クレジット損失引当金）

当社の金融子会社は，金融サービスに係る債権の予想信用損失をクレジット損失引当金として計上しています。

信用リスクが著しく増大しているかの判定にあたり，顧客に対する金融債権については，個別的にも集合的にも評価しています。個別的な評価は延滞状況に基づいています。過去の実績では30日以上支払いを延滞した顧客に対する金融債権は貸倒れの可能性が高くなっているため，30日以上期日を超過している場合に信用リスクが著しく増大しているとみなしています。集合的な評価は当初認識した会計期間，担保の形態，契約期間，クレジットスコア等のリスク特性が共通するグループごとに当初認識時からの予想債務不履行率の相対的な変化に基づき行っています。販売店に対する金融債権については，信用リスクが著しく増大しているかの判定は販売店ごとに行われており，支払状況のほか，財政状態の変化や財務制限条項の順守状況等の要素を考慮しています。

金融サービスに係る債権に関する債務不履行の定義は，各金融子会社の内部リスク管理の実務によって定められています。米国に所在する当社の最も重要な金融子会社においては，60日の期日超過を債務不履行とみなしています。60日以上期日を超過している顧客に対する金融債権については，担保車両の差押えを含む回収活動を強化しており，債務不履行の顧客に対する金融債権を信用減損しているとみなしています。販売店に対する金融債権は販売店の重大な財政的困難，債務不履行や延滞等の契約違反，破産等，当初の契約条件に従ってすべての金額を回収できないという証拠が存在する場合に，信用減損しているとみなしています。

当社の米国の金融子会社は，顧客に対する金融債権のうち回収不能と見込まれる部分について，期日を120日超過した時点または担保車両を差し押さえた時点で直接償却しています。履行強制活動が行われる期間や方法は，様々な法的規制

により制限されますが，未回収残高は通常，直接償却後も数年間は履行強制活動の対象となります。回収不能額の見積りには，履行強制活動による回収見込額が反映されています。販売店に対する金融債権は回収するという合理的な予想を有していない場合に直接償却しています。

当社の米国の金融子会社において，顧客に対する金融債権に係る予想信用損失の測定は，リスク特性が共通するグループごとに行われ，過去の実績，現在の状況，失業率，中古車価格，消費者の債務返済負担などの将来予測に基づく要素を反映しています。

② 非金融資産および持分法で会計処理されている投資

当社および連結子会社は，棚卸資産および繰延税金資産以外の非金融資産（主に，オペレーティング・リース資産，有形固定資産および無形資産）について，各報告期間の期末日において，資産が減損している可能性を示す兆候の有無を評価しています。減損の兆候が存在する場合は，当該資産の回収可能価額を算定し，当該資産の帳簿価額との比較を行うことにより，減損テストを行っています。

持分法で会計処理されている投資は，減損の客観的な証拠が存在する場合に，投資全体の帳簿価額を単一の資産として減損テストを行っています。

資産または資金生成単位の回収可能価額は，売却費用控除後の公正価値と使用価値のいずれか高い方の金額としています。使用価値は，資産または資金生成単位から生じると見込まれる将来キャッシュ・フローの現在価値として算定しています。資金生成単位は，他の資産または資産グループのキャッシュ・インフローから概ね独立したキャッシュ・インフローを生成する最小の識別可能な資産グループであり，個別の資産について回収可能価額の見積りが不可能な場合に，当該資産が属する資金生成単位の回収可能価額を算定しています。

資産または資金生成単位の帳簿価額が回収可能価額を上回る場合に，当該帳簿価額を回収可能価額まで減額するとともに，当該減額を減損損失として純損益に認識しています。資金生成単位に関連して認識した減損損失は，当該単位内の各資産の帳簿価額を比例的に減額するように配分しています。

過去に減損損失を認識した資産または資金生成単位について減損損失が既に存

在しないか，あるいは減少している可能性を示す兆候がある場合で，当該資産または資金生成単位の回収可能価額が帳簿価額を上回るときは，減損損失を戻入れしています。この場合，減損損失を認識しなかった場合の減価償却または償却控除後の帳簿価額を上限として，資産の帳簿価額を回収可能価額まで増額しています。

（11） 引当金 ....

当社および連結子会社は，過去の事象の結果として現在の法的または推定的債務を負っており，当該債務を決済するために経済的便益を有する資源の流出が生じる可能性が高く，その債務の金額について信頼性をもって見積ることができる場合に，引当金を認識しています。

引当金は，報告期間の期末日における現在の債務を決済するために要する最善の見積りで測定しています。なお，貨幣の時間的価値が重要な場合には，債務の決済に必要と見込まれる支出の現在価値で引当金を測定しています。現在価値の算定に当たっては，貨幣の時間的価値および当該債務に特有のリスクを反映した税引前の利率を割引率として使用しています。

（12） 従業員給付 ....

① 短期従業員給付

給与，賞与および年次有給休暇などの短期従業員給付については，勤務の対価として支払うと見込まれる金額を，従業員が勤務を提供した時に費用として認識しています。

② 退職後給付

当社および連結子会社は，確定給付制度および確定拠出制度を含む各種退職給付制度を有しています。

（確定給付制度）

確定給付制度については，確定給付制度債務の現在価値から制度資産の公正価値を控除した金額を，負債または資産として認識しています。

確定給付制度債務の現在価値および勤務費用は，予測単位積増方式を用いて

制度ごとに算定しています。割引率は，確定給付制度債務と概ね同じ支払期日を有し，かつ，給付の支払見込みと同じ通貨建ての優良社債の報告期間の期末日における市場利回りに基づいて決定しています。確定給付負債（資産）の純額に係る純利息費用は，確定給付負債（資産）の純額に割引率を乗じて算定しています。

制度改定や制度縮小により生じた確定給付制度債務の現在価値の変動として算定される過去勤務費用は，制度の改定や縮小が発生した時に，純損益として認識しています。

確定給付制度債務の現在価値と制度資産の公正価値の再測定に伴う調整額は，発生時にその他の包括利益として認識し，直ちに利益剰余金に振り替えています。

（確定拠出制度）

確定拠出制度については，確定拠出制度に支払うべき拠出額を，従業員が関連する勤務を提供した時に費用として認識しています。

（13）　資本

①　普通株式

当社が発行した普通株式は資本として分類し，発行価額を資本金および資本剰余金に含めています。

②　自己株式

当社および連結子会社が取得した自己株式は，取得原価で認識し，資本の控除項目としています。自己株式を売却した場合は，受取対価を資本の増加として認識し，帳簿価額と受取対価の差額は資本剰余金に含めています。

（14）　収益認識

①　製品の販売

製品の販売は，二輪事業，四輪事業，パワープロダクツ事業及びその他の事業に区分されます。各事業におけるより詳細な情報については，連結財務諸表注記の「4セグメント情報」を参照ください。

当社および連結子会社は，製品に対する支配が顧客に移転した時点で収益を認

識しています。この移転は，通常，顧客に製品を引渡した時点で行われます。収益は，顧客との契約で明確にされている対価に基づき測定し，第三者のために回収する金額を除いています。契約の対価の総額は，すべての製品およびサービスにそれらの独立販売価格に基づき配分され，独立販売価格は，類似する製品またはサービスの販売価格やその他の合理的に利用可能な情報を参照して算定しています。

　当社および連結子会社は，販売店に対して奨励金を支給していますが，これは一般的に当社および連結子会社から販売店への値引きに該当します。また，当社および連結子会社は，販売店の販売活動をサポートするため，顧客に対して主として市場金利以下の利率によるローンやリースを提示する形式の販売奨励プログラムを提供しています。このプログラムの提供に要する金額は，顧客に提示した利率と市場金利の差に基づいて算定しています。これらの奨励金は，取引価格の算定における変動対価として考慮されることとなり，製品が販売店に売却された時点で認識する売上収益の金額から控除しています。売上収益は，変動対価に関する不確実性がその後に解消される際に重大な戻入れが生じない可能性が非常に高い範囲でのみ認識しています。

　製品の販売に係る対価の支払は，通常，製品に対する支配が顧客に移転してから30日以内に行われます。

　なお，製品の販売における顧客との契約には製品が合意された仕様に従っていることを保証する条項が含まれており，当社および連結子会社は，この保証に関連する費用に対して製品保証引当金を認識しています。当該引当金に関するより詳細な情報については，連結財務諸表注記の「17　引当金」を参照ください。

②　金融サービスの提供

　金融サービスに係る債権の利息収益は，実効金利法によって認識しています。金融サービスに係る債権の初期手数料および初期直接費用は，実効金利の計算に含めて，金融債権の契約期間にわたって認識しています。

　当社の金融子会社が提供する金融サービスにはリースが含まれています。ファイナンス・リースに係る受取債権の利息収益は，実効金利法によって認識してい

ます。なお，当社および連結子会社が，製造業者または販売業者としての貸手となる場合，製品の販売とみなされる部分について，売上収益と対応する原価を製品の販売と同様の会計方針に従って認識しています。オペレーティング・リースから生じる収益は，リース期間にわたり定額法によって認識しています。

（15） 法人所得税 ⋯⋯⋯⋯⋯⋯⋯⋯⋯⋯⋯⋯⋯⋯⋯⋯⋯⋯⋯⋯⋯⋯⋯⋯⋯⋯⋯⋯

　法人所得税費用は，当期税金と繰延税金から構成されています。当期税金と繰延税金は，直接資本またはその他の包括利益で認識される項目を除き，純損益で認識しています。

　当期税金は，当期の課税所得について納付すべき税額，または税務上の欠損金について還付されると見込まれる税額で測定しています。これらの税額は，報告期間の期末日において制定または実質的に制定されている税率および税法に基づいて算定しています。

　繰延税金資産および負債は，報告期間の期末日における資産および負債の税務基準額と会計上の帳簿価額との差額である一時差異ならびに税務上の繰越欠損金および繰越税額控除に関する将来の税務上の影響に基づいて認識しています。なお，繰延税金資産は，将来減算一時差異，税務上の繰越欠損金および繰越税額控除について，将来それらを利用できる課税所得が稼得される可能性が高い範囲内で認識しています。

　連結子会社および関連会社に対する投資ならびに共同支配企業に対する持分に関する将来加算一時差異については，当該一時差異の解消時期をコントロールでき，かつ予測可能な期間内に当該一時差異が解消しない可能性が高い場合は，繰延税金負債を認識していません。また，連結子会社および関連会社に対する投資ならびに共同支配企業に対する持分に関する将来減算一時差異については，当該一時差異からの便益を利用するのに十分な課税所得があり，予測可能な将来において実現する可能性が高い範囲でのみ繰延税金資産を認識しています。

　繰延税金資産および負債は，報告期間の期末日に制定または実質的に制定されている税率および税法に基づいて，資産が実現する期間または負債が決済される期間に適用されると予測される税率で測定しています。繰延税金資産および負債

の測定に当たっては，報告期間の期末日において当社および連結子会社が意図する資産および負債の帳簿価額の回収または決済の方法から生じる税務上の影響を反映しています。

繰延税金資産の回収可能性は，各報告期間の期末日において見直し，繰延税金資産の一部または全部の税務便益を実現させるのに十分な課税所得の稼得が見込めないと判断される部分について，繰延税金資産の帳簿価額を減額しています。

繰延税金資産および繰延税金負債は，当期税金に対する資産と負債を相殺する法律上の強制力のある権利を有しており，法人所得税が同一の税務当局によって同一の納税主体に課されている場合，または異なる納税主体に課されている場合でこれらの納税主体が当期税金に対する資産と負債を純額で決済するか，あるいは資産の実現と負債の決済を同時に行うことを意図している場合に相殺しています。

当社および連結子会社の税務処理を税務当局が認める可能性が高くないと判断した場合に，不確実性の影響を財務諸表に反映しています。

当社および連結子会社は，2023年5月23日に公表された，「国際的な税制改革-第2の柱モデルルール（IAS第12号の改訂）」を適用し，経済協力開発機構（OECD）が公表した第2の柱モデルルールを導入するために制定または実質的に制定された税法から生じる法人所得税（適格国内最低トップアップ税を含む）に関する繰延税金資産および繰延税金負債について認識および開示を行っていません。

（16） 1株当たり当期利益

基本的1株当たり当期利益は，親会社の所有者に帰属する当期利益を対応する期間の加重平均発行済普通株式数で除して算定しています。

（1） 財務諸表 ‥‥‥‥‥‥‥‥‥‥‥‥‥‥‥‥‥‥‥‥‥‥‥‥‥

① 貸借対照表

（単位：百万円）

	前事業年度 （2022年3月31日）	当事業年度 （2023年3月31日）
資産の部		
流動資産		
現金及び預金	825,406	1,010,601
売掛金	※1 478,615	※1 552,975
有価証券	274,991	184,994
製品	89,770	98,122
仕掛品	26,088	30,786
原材料及び貯蔵品	35,177	39,833
前払費用	16,779	9,889
未収入金	※1 186,709	※1 243,049
その他	※1 159,107	※1 205,925
貸倒引当金	△360	△347
流動資産合計	2,092,288	2,375,832
固定資産		
有形固定資産		
建物	242,333	232,146
構築物	32,626	31,303
機械及び装置	162,994	146,452
車両運搬具	5,357	4,791
工具、器具及び備品	23,521	23,257
土地	338,733	335,963
リース資産	8,768	9,033
建設仮勘定	21,053	17,930
有形固定資産合計	835,389	800,878
無形固定資産		
ソフトウエア	43,335	49,019
リース資産	1	0
その他	2,936	2,746
無形固定資産合計	46,273	51,766
投資その他の資産		
投資有価証券	217,221	262,885
関係会社株式	596,433	612,272
関係会社出資金	88,740	88,740
長期貸付金	7	3
繰延税金資産	—	45,530
その他	※1 48,286	※1 82,304
貸倒引当金	△3,883	△3,570
投資その他の資産合計	946,805	1,088,166
固定資産合計	1,828,468	1,940,811
資産合計	3,920,756	4,316,643

	前事業年度 （2022年3月31日）	当事業年度 （2023年3月31日）
負債の部		
流動負債		
支払手形	5	27
電子記録債務	※1 26,705	※1 30,008
買掛金	※1 262,425	※1 275,071
短期借入金	※1 35,167	※1 69,050
1年内償還予定の社債	40,000	—
リース債務	※1 4,822	※1 4,675
未払金	※1 80,380	※1 117,598
未払費用	※1 159,865	※1 179,508
未払法人税等	2,539	1,886
前受金	22,992	9,654
預り金	※1 3,308	※1 3,517
前受収益	2,527	2,554
製品保証引当金	32,185	65,353
賞与引当金	41,964	47,047
役員賞与引当金	185	227
執行役員賞与引当金	38	85
その他	8,354	8,146
流動負債合計	723,467	814,414
固定負債		
社債	396,572	427,207
長期借入金	11	8
リース債務	※1 6,439	※1 7,128
繰延税金負債	408	—
製品保証引当金	60,530	54,349
退職給付引当金	14,950	14,667
役員株式給付引当金	280	429
執行役員株式給付引当金	416	362
その他	※1 4,247	6,813
固定負債合計	483,857	510,966
負債合計	1,207,324	1,325,381
純資産の部		
株主資本		
資本金	86,067	86,067
資本剰余金		
資本準備金	170,313	170,313
その他資本剰余金	622	622
資本剰余金合計	170,936	170,936
利益剰余金		
利益準備金	21,516	21,516
その他利益剰余金		
圧縮記帳積立金	16,380	16,258
繰越利益剰余金	2,697,733	3,112,681
利益剰余金合計	2,735,630	3,150,456
自己株式	△328,401	△485,023
株主資本合計	2,664,232	2,922,436
評価・換算差額等		
その他有価証券評価差額金	49,198	68,825
評価・換算差額等合計	49,198	68,825
純資産合計	2,713,431	2,991,262
負債純資産合計	3,920,756	4,316,643

② 損益計算書

（単位：百万円）

	前事業年度 （自 2021年4月1日 至 2022年3月31日）	当事業年度 （自 2022年4月1日 至 2023年3月31日）
売上高	※1　3,454,263	※1　3,586,448
売上原価	※1　2,406,294	※1　2,435,622
売上総利益	1,047,968	1,150,825
販売費及び一般管理費	※1，※2　1,059,184	※1，※2　1,156,181
営業損失（△）	△11,215	△5,355
営業外収益		
受取利息及び受取配当金	※1　618,032	※1　651,522
その他	※1　23,973	※1　29,046
営業外収益合計	642,006	680,569
営業外費用		
支払利息	※1　151	※1　247
減価償却費	3,394	3,454
固定資産賃貸費用	※1　2,465	※1　2,435
デリバティブ損失	1,629	12,305
社債利息	575	9,941
支払補償費	※1　2,520	※1　1,741
為替差損	2,983	－
その他	※1　3,426	※1　2,321
営業外費用合計	17,146	32,447
経常利益	613,644	642,766
特別利益		
固定資産売却益	※1　3,390	※1　2,308
関係会社整理益	※1，※3　6,968	※1，※3　16,141
関係会社株式売却益	－	7,147
その他	－	90
特別利益合計	10,359	25,687
特別損失		
固定資産処分損	※1　8,369	※1　6,288
投資有価証券評価損	611	6,971
退職特別加算金	36,098	6,825
その他	※1　997	※1　946
特別損失合計	46,077	21,031
税引前当期純利益	577,926	647,422
法人税、住民税及び事業税	56,968	71,098
法人税等調整額	32,910	△54,435
法人税等合計	89,879	16,662
当期純利益	488,046	630,759

③ 株主資本等変動計算書

前事業年度（自　2021年4月1日　至　2022年3月31日）

（単位：百万円）

	株主資本						
	資本金	資本剰余金			利益剰余金		
		資本準備金	その他資本剰余金	資本剰余金合計	利益準備金	その他利益剰余金	
						特別償却積立金	圧縮記帳積立金
当期首残高	86,067	170,313	0	170,314	21,516	103	16,484
会計方針の変更による累積的影響額							
会計方針の変更を反映した当期首残高	86,067	170,313	0	170,314	21,516	103	16,484
当期変動額							
特別償却積立金の取崩						△103	
圧縮記帳積立金の取崩							△104
剰余金の配当							
当期純利益							
自己株式の取得							
自己株式の処分			621	621			
会社分割による変動額							
株主資本以外の項目の当期変動額（純額）							
当期変動額合計	－	－	621	621	－	△103	△104
当期末残高	86,067	170,313	622	170,936	21,516	－	16,380

（単位：百万円）

	株主資本				評価・換算差額等		
	利益剰余金		自己株式	株主資本合計	その他有価証券評価差額金	評価・換算差額等合計	純資産合計
	その他利益剰余金 繰越利益剰余金	利益剰余金合計					
当期首残高	2,400,610	2,438,715	△273,883	2,421,214	49,469	49,469	2,470,683
会計方針の変更による累積的影響額	△2,729	△2,729		△2,729			△2,729
会計方針の変更を反映した当期首残高	2,397,881	2,435,986	△273,883	2,418,484	49,469	49,469	2,467,954
当期変動額							
特別償却積立金の取崩	103	－		－			－
圧縮記帳積立金の取崩	104	－		－			－
剰余金の配当	△188,402	△188,402		△188,402			△188,402
当期純利益	488,046	488,046		488,046			488,046
自己株式の取得			△62,757	△62,757			△62,757
自己株式の処分	－	－	8,239	8,861			8,861
会社分割による変動額	－	－		－			－
株主資本以外の項目の当期変動額（純額）					△271	△271	△271
当期変動額合計	299,852	299,644	△54,517	245,748	△271	△271	245,476
当期末残高	2,697,733	2,735,630	△328,401	2,664,232	49,198	49,198	2,713,431

当事業年度（自　2022年4月1日　至　2023年3月31日）

（単位：百万円）

	株主資本						
		資本剰余金			利益剰余金		
						その他利益剰余金	
	資本金	資本準備金	その他資本剰余金	資本剰余金合計	利益準備金	特別償却積立金	圧縮記帳積立金
当期首残高	86,067	170,313	622	170,936	21,516	－	16,380
会計方針の変更による累積的影響額							
会計方針の変更を反映した当期首残高	86,067	170,313	622	170,936	21,516	－	16,380
当期変動額							
特別償却積立金の取崩						－	
圧縮記帳積立金の取崩							△121
剰余金の配当							
当期純利益							
自己株式の取得							
自己株式の処分			0	0			
会社分割による変動額							
株主資本以外の項目の当期変動額（純額）							
当期変動額合計	－	－	0	0	－	－	△121
当期末残高	86,067	170,313	622	170,936	21,516	－	16,258

（単位：百万円）

	株主資本				評価・換算差額等		純資産合計
	利益剰余金						
	その他利益剰余金 繰越利益剰余金	利益剰余金合計	自己株式	株主資本合計	その他有価証券評価差額金	評価・換算差額等合計	
当期首残高	2,697,733	2,735,630	△328,401	2,664,232	49,198	49,198	2,713,431
会計方針の変更による累積的影響額	－	－		－			－
会計方針の変更を反映した当期首残高	2,697,733	2,735,630	△328,401	2,664,232	49,198	49,198	2,713,431
当期変動額							
特別償却積立金の取崩	－	－		－			－
圧縮記帳積立金の取崩	121	－		－			－
剰余金の配当	△213,475	△213,475		△213,475			△213,475
当期純利益	630,759	630,759		630,759			630,759
自己株式の取得			△157,001	△157,001			△157,001
自己株式の処分	－	－	379	379			379
会社分割による変動額	△2,457	△2,457		△2,457			△2,457
株主資本以外の項目の当期変動額（純額）					19,627	19,627	19,627
当期変動額合計	414,947	414,826	△156,622	258,204	19,627	19,627	277,831
当期末残高	3,112,681	3,150,456	△485,023	2,922,436	68,825	68,825	2,991,262

【注記事項】

(重要な会計方針)

1 資産の評価基準及び評価方法

(1) 有価証券の評価基準及び評価方法については，以下のとおりです。

① 満期保有目的の債券は，償却原価法（定額法）により評価しています。

② 子会社株式および関連会社株式は，移動平均法による原価法により評価しています。

③ その他有価証券のうち市場価格のない株式等以外のものは，決算日の市場価格等に基づく時価法（評価差額は全部純資産直入法により処理し，売却原価は移動平均法により算定）により評価しています。

④ その他有価証券のうち市場価格のない株式等は，移動平均法による原価法により評価しています。

(2) デリバティブは，時価法により評価しています。

(3) 棚卸資産は，先入先出法に基づく原価法（貸借対照表価額は収益性の低下に基づく簿価切下げの方法により算定）により評価しています。

2 固定資産の減価償却の方法

(1) 有形固定資産（リース資産を除く）の減価償却方法は，定額法を採用しています。

(2) 無形固定資産（リース資産を除く）の減価償却方法は，定額法を採用しています。

(3) 所有権移転外ファイナンス・リース取引に係るリース資産の減価償却方法は，リース期間を耐用年数とし，残存価額を零とする定額法を採用しています。

3 引当金の計上基準

(1) 貸倒引当金は，債権の貸倒れによる損失に備えるため，一般債権については貸倒実績率により，貸倒懸念債権等特定の債権については個別に回収可能性を検討し，回収不能見込額を計上しています。

(2) 製品保証引当金は，製品の無償補修費用の支出に備えるため，以下の金額

の合計額を計上しています。

　①　保証書に基づく無償の補修費用として，過去の補修実績に将来の見込みを加味して算出した保証対象期間内の費用見積額

　②　主務官庁への届出等に基づく無償の補修費用として，見積算出した額

(3)　賞与引当金は，従業員に対して支給する賞与に充てるため，賞与支払予定額のうち当事業年度に属する支給対象期間に見合う金額を計上しています。

(4)　役員賞与引当金は，役員賞与の支出に備えるため，支給見込額に基づき計上しています。

(5)　執行役員賞与引当金は，執行役員賞与の支出に備えるため，支給見込額に基づき計上しています。

(6)　退職給付引当金は，従業員の退職給付に備えるため，当事業年度末における退職給付債務および年金資産の見込額に基づき計上しています。

過去勤務費用については，その発生時の従業員の平均残存勤務期間による按分額を費用処理しています。数理計算上の差異については，各事業年度の発生時における従業員の平均残存勤務期間による按分額をそれぞれ発生の翌事業年度より費用処理しています。

(7)　役員株式給付引当金は，役員に対する当社株式および金銭の交付および給付に備えるため，当事業年度末における株式給付債務の見込額に基づき計上しています。

(8)　執行役員株式給付引当金は，執行役員および一部の執行職に対する当社株式および金銭の交付および給付に備えるため，当事業年度末における株式給付債務の見込額に基づき計上しています。

4　収益及び費用の計上基準

　製品の販売は，二輪事業，四輪事業，パワープロダクツ事業及びその他の事業に区分されます。

　当社は，製品に対する支配が顧客に移転した時点で収益を認識しています。この移転は，通常，顧客に製品を引渡した時点で行われます。

（重要な会計上の見積り）

　当社は，財務諸表を作成するにあたり，会計方針の適用，資産・負債および収益・費用の金額に影響を及ぼす判断，見積りおよび仮定の設定を行っています。実際の結果は，これらの見積りとは異なる場合があります。なお，これらの見積りや仮定は継続して見直しています。会計上の見積りの変更による影響は，見積りを変更した事業年度およびその影響を受ける将来の事業年度において認識されます。

　財務諸表に重要な影響を与える可能性のある会計上の見積りおよび仮定に関する情報は，以下のとおりです。

1　棚卸資産の評価

	前事業年度 （2022年3月31日）	当事業年度 （2023年3月31日）
製品	89,770百万円	98,122百万円
仕掛品	26,088	30,786
原材料及び貯蔵品	35,177	39,833

　会計上の見積りおよび仮定に関する情報については，注記事項の「（重要な会計方針）1　資産の評価基準及び評価方法」を参照ください。

2　製品保証引当金の算出

	前事業年度 （2022年3月31日）	当事業年度 （2023年3月31日）
製品保証引当金	92,715百万円	119,702百万円

　会計上の見積りおよび仮定に関する情報については，連結財務諸表注記の「17　引当金」を参照ください。

3　退職給付引当金の算出

	前事業年度 （2022年3月31日）	当事業年度 （2023年3月31日）
退職給付引当金	14,950百万円	14,667百万円

　会計上の見積りおよび仮定に関する情報については，連結財務諸表注記の「18　従業員給付」を参照ください。

4　繰延税金資産の回収可能性

	前事業年度 （2022年3月31日）	当事業年度 （2023年3月31日）
繰延税金資産	—	45,530百万円
繰延税金負債	408百万円	—

　会計上の見積りおよび仮定に関する情報については，連結財務諸表注記の「23　法人所得税」を参照ください。

（会計方針の変更）

（損益計算書関係）

1　前事業年度において，区分掲記していた営業外費用の「寄付金」は，金額的重要性がないため，当事業年度より「その他」に含めて表示しています。また，前事業年度において，営業外費用の「その他」に含めていた「デリバティブ損失」および「社債利息」は，それぞれ金額的重要性が増したため，当事業年度より区分掲記しています。この表示方法の変更を反映させるため，前事業年度の財務諸表の組替えを行っています。この結果，前事業年度の営業外費用に表示していた「寄付金」1,045百万円，「その他」4,586百万円は，「デリバティブ損失」1,629百万円，「社債利息」575百万円，「その他」3,426百万円として組替えています。

2　前事業年度において，特別損失の「その他」に含めていた「投資有価証券評価損」は，金額的重要性が増したため，当事業年度より区分掲記しています。この表示方法の変更を反映させるため，前事業年度の財務諸表の組替えを行っています。

この結果，前事業年度の特別損失の「その他」に表示していた1,609百万円は，「投資有価証券評価損」611百万円，「その他」997百万円として組替えています。

第2章

自動車業界の "今" を知ろう

企業の募集情報は手に入れた。しかし，それだけでは
まだ不十分。企業単位ではなく，業界全体を俯瞰する
視点は，面接などでもよく問われる重要ポイントだ。
この章では直近1年間の運輸業界を象徴する重大
ニュースをまとめるとともに，今後の展望について言
及している。また，章末には運輸業界における有名企
業 (一部抜粋) のリストも記載してあるので，今後の就
職活動の参考にしてほしい。

▶▶ニッポンを走らせる力

自動車 業界の動向

　「自動車」は，完成車をつくる「自動車メーカー」と，それを支える「自動車部品メーカー」で構成されている。完成車メーカーを部品メーカーが支える構図で多くの雇用を創出してきた，戦後日本の主力産業の1つである。

❖ 自動車業界の動向

　自動車業界は今，激動の時代に突入している。ガソリン車からエコカーへの転換，IT技術を駆使した自動運転の装備，また，中国やインドなど新興国市場への展開も見据えて，大きな変革の波が押し寄せている。そのなかで，世界の自動車市場は拡大を続けており，国際自動車工業会によると，2022年の自動車販売台数は前年比1.4％減の8162万台。半導体を中心とした部品不足が影響した。

　メーカー別に見ると，1048万台を販売したトヨタが，3年連続の首位。中国市場に力を入れている独フォルクスワーゲン（VW）が848万台で2位。韓国の現代自動車グループが684万台で3位に躍り出た。昨年3位の日産自動車・三菱自動車・仏ルノー3社連合が615万台で4位となった。近年はトヨタとVW，米ゼネラル・モーターズ（GM）が1000万台規模で競い合う構図が続いていたが，ゼネラル・モーターズは593万台とここ数年で販売台数を落とした。同社は19年に大規模リストラを実施。台数競争から一歩引き，次世代車開発に注力している。

　自動車メーカーの経営環境は，半導体不足の影響が響いている。22年は回復が続く一方で，世界的な半導体不足が足枷になり，減産を行うメーカーが相次いだ。販売の本格回復は23年以降になる見込みだ。

●世界中で進む排ガス規制強化，EV化

　欧州では，2017年7月，イギリスとフランスが2040年までにガソリン車や

ディーゼル車の販売を全面的に禁止すると発表した。ドイツでも，2030年までにガソリン車などの販売を禁止する決議が国会で採択された。米国では，大気汚染が深刻なカリフォルニア州で最も規制が厳しく，2018年からはハイブリッド車（HV）はガソリンで走るため，エコカーの対象から外される。

2023年4月，国際エネルギー機関（IEA）は，2023年におけるEVの販売台数が，同年末までに2022年の1000万台を大きく上回る1400万台に達する予想と発表した。世界の自動車市場におけるEVの販売比率を見ると，2022年は14％と2020年の4％から大きく躍進している。IEAの予想によると，この数値は2023年末までに18％に跳ね上がる見込みだという。

2019年からは，EVを始め，プラグインハイブリッド車（PHV），燃料電池車（FCV）などエコカーの生産割合をメーカーに義務づける規制（NEV規制）も導入する。EVの普及においては，充電インフラの整備も進んでおり，IEAの発表では，2017年時点で住宅や事業者の充電所は推定約300万カ所，一般向け充電所は約43万カ所（4分の1が急速充電タイプ）設置されているという。こういった環境整備もあり，今後の予測としては2030年までに，中国，EU，アメリカにおける新車販売数中のEVシェアは平均60％まで増加すると見られている。

●他業種ライバルの前に，連携を模索するメーカー各社

「エコカー」と「自動運転」という二つの技術革新を前にして，自動車メーカーの間では互いに連携を深める動きが活発化している。トヨタは2016年8月，ダイハツ工業を完全子会社化，日野自動車も傘下にあり，スバルとは資本提携している。また，2017年に入り，2月にはスズキと業務提携を，8月にはマツダと業務ならびに相互に株を持ち合う資本提携を交わした。海外とのネットワークづくりも進んでおり，独BMWとは燃料電池自動車（FCV）で業務提携を交わし，PSAプジョー・シトロエンとは，チェコで合弁会社を設立している。仏ルノーの傘下にある日産は，2016年に燃費データ不正問題で窮地に立った三菱自動車と資本業務提携を行い，日産自動車・三菱自動車・仏ルノー3社連合はグローバルな自動車業界において新たな勢力となった。また，ホンダも，2018年10月，自動運転技術で提携するとして，GM子会社GMクルーズホールディングスへの出資を決定した。

次々と提携が進む背景には，環境技術とIT技術という，前例のない大変革に対する危機感がある。これからのライバルは，アップルやグーグルなど

の巨大IT企業や電機メーカーになる。2016年3月、トヨタ、日産、ホンダなど、自動車大手6社は高精度の3次元地図など自動車の自動運転に必要な分野において共同研究を進めることで合意した。また、業界内では独自路線を貫いてきたホンダは、ライバルであるIT企業たちとの協調も進めている。2016年に、ソフトバンクとAI技術について、米グーグルの子会社ウェイモとは自動運転について、共同研究を開始した。トヨタも2018年10月、ソフトバンクと自動運転を基軸とした移動サービス新会社の設立などを含む提携を発表した。

●自動運転から「コネクテッドカー」へ

　自動運転では、米国自動車技術会(SAE)によって、5段階のレベルが定められている。自動ブレーキやレーンキープアシストなどの「運転支援(レベル1)」は、すでにいくつかの車種に搭載されてきた。交通量や見晴らしなど一定の条件下ですべての運転を自動化する「条件付自動運転(レベル3)」は、2017年7月にアウディが発表した「A8」に、世界で初めて搭載された。ホンダはレベル3機能を搭載した乗用車を、2021年3月に新型LEGENDを販売すした。高速道路など一定の条件のもとですべての操作をシステムに任せるレベル3の実用化は世界初となる。

　自動運転の機能の実現には、カメラやGPSを使って周囲の状況を確認したり、入手した膨大なデータを適切に分析・判断する必要があるため、IT技術が不可欠となる。そこで、自動車、IT、半導体などの企業間で、従来はなかった形での提携が活発になっている。とくに近年は、多数のセンサーを搭載して、常時ネットワークに接続する「コネクテッドカー(つながる車)」に注目が集まっている。車をIT化することで、自動運転などの安全性を向上させるだけでなく、さまざまな情報をやりとりできるため、カーシェアリングや渋滞緩和など、都市や生活の快適性向上に働きかけることが可能になる。トヨタや日産、GM、VWなど自動車大手は、コネクテッドカーを使った新サービスに向けて、子会社設立やIT企業への出資を始めている。日産は2016年9月、ルノーと共同でソフトウェア会社の仏シルフェオを買収した。また、ホンダも2017年11月にソフトバンクと5G通信技術を使ったコネクテッドカーの共同研究を始めると発表。トヨタは、KDDIやNTTドコモと第5世代(5G)通信技術でのコネクテッドカー研究を進めており、さらに2018年にはソフトバンクとも提携している。

❖ 自動車部品メーカーの動向

　自動車1台に使われる部品は，エンジンや車体のほか，ランプやブレーキ，シート，各種ケーブルや電線などがあり，素材も鋼板，アルミ，ガラス，ゴム，プラスチック，繊維とさまざまで，その数は約3万点といわれている。近年の技術革新によって，その数は増える一方で，部品を製造・供給してくれる部品メーカーがいなければ，自動車産業は成り立たない構図となっている。

　自動車メーカーから部品メーカーへの発注では，これまでは車種ごとに専用部品を開発，発注してきたが，近年は「ドア」「エンジン」などの要素（ユニット）ごとに製造して組み立てたもの（アッセンブリー）を納品する「モジュール化」が進んでいる。自動車メーカーが部品メーカーに対し，従来に比べて大きな部品単位で開発や組み立てのアウトソーシングを行い，場合によっては，複数部品間の調整までも部品メーカーに任されることになるため，モジュール化によって，自動車メーカー側は短期間・低コストでの発注ができ，部品メーカーは企画提案から参入して大量受注が可能になった。

　さらに，これまでの部品メーカーは，トヨタ，日産，ホンダなど主要企業の系列で構成されていたが，世界的な自動車業界の再編を受け，国や系列を超えて競争が激化している。事実，2015年にトヨタの「カローラ」新型車に搭載された衝突回避支援システムは，系列のデンソーではなく，独の大手部品メーカー・コンチネンタルの技術が採用されている。エコカーや自動運転技術の進化で，必要な技術は劇的に変化しており，IT企業など異業種からの参入も増えている。こういった事情により，部品メーカーには，より確かな技術力と競争力が求められるようになってきた。

●競争激化により進む再編・提携

　EVや自動運転など新技術の開発競争が激化しているなか，自動車部品業界内でも，再編，提携の動きが活発になっている。海外では，大手の独ボッシュが2017年3月，車載用AIコンピュータで米NVIDIAと，5月には自動運転用カメラの開発でソニーセミコンダクターソリューションズと提携した。コンチネンタルは，2017年6月に自動運転での新製品・サービスの提供に向けて中国の百度と提携している。国内では，2016年11月，日産が系列最大の自動車部品メーカー，カルソニックカンセイを米投資ファンドに

売却した。また，そのカルソニックカンセイは，2018年10月，フィアット・クライスラー・オートモービルズ（FCA）傘下のマニエッティ・マレリの買収を発表。マニエッティ・マレリはIT部門が強く，カルソニックカンセイはこの買収で自動運転システムなどに力を入れると見られる。トヨタは2014年，グループ内の事業再編を行った。デンソーとアイシン精機のブレーキ事業を統合し，ディーゼルエンジンは豊田自動織機に集約した。重複する事業を統合して専門家集団をつくり，開発スピードを上げるねらいがある。また，デンソーも2017年4月，スズキ，東芝とリチウムイオン電池パックの共同出資会社をインドに設立。2017年11月には，自動運転技術の開発強化のため，富士通テンを子会社化するなど，独自の展開を始めている。

●新技術「CASE」が救いとなるか

　新型コロナウイルス感染拡大に伴い，国内部品会社は手元資金の確保を優先し，能力増強の設備投資を先送りしている。その一方で自動運転や電動化といった「CESA（つながる車，自動運転，シェアリング，電動化）」領域向けの研究開発費は維持する方針だ。

　トヨタ自動車グループは2019年4月にデンソーやアイシン精機，ジェイテクトなどグループの部品メーカー4社で自動運転の制御技術を開発する新会社を設立。ホンダは同年10月に系列の部品メーカー3社を日立製作所傘下の日立オートモティブシステムズと統合させると発表した。今後も生き残りをかけた業界再編の動きが加速していくと思われる。

自動車業界

直近の業界各社の関連ニュースを
ななめ読みしておこう。

岸田首相「車業界の賃上げ高く評価」　トヨタ会長らに

岸田文雄首相は26日、都内で開催中の国内最大の自動車展示会「ジャパンモビリティショー2023」を視察した。自動車業界について「これまでの賃上げや取引適正化、国内投資への積極的な取り組みを高く評価している」と述べた。「大きな流れを後戻りさせず来年につないでいく。最優先の課題として全力を尽くしていきたい」と強調した。

首相は視察後、経済界と関連産業について話し合う「モビリティに関する懇談会」に2022年11月に続き出席した。自動車工業会の豊田章男会長（トヨタ自動車会長）や経団連の十倉雅和会長らが参加した。西村康稔経済産業相ら関係閣僚が同席した。

首相は投資環境の整備や中堅・中小企業の支援、独占禁止法に関する課題への対応などについて要望を受けた。「日本の最重要課題だ。官民協力のもと、全力で取り組んでいきたい」と表明した。

ジャパンモビリティショーは日本自動車工業会（自工会）が東京ビッグサイト（東京・江東）で開催している。

（2023年10月26日　日本経済新聞）

5G特許、車メーカーと「年内にも合意」　米アバンシCEO

高速通信規格「5G」の特許料交渉をまとめて担う米アバンシは14日、コネクテッドカー（つながる車）での利用を目指している自動車メーカーと2023年内にも合意するとの見通しを示した。1世代前の4Gでの自動車メーカーの特許料負担は1社あたり最大数十億～300億円。特許数が多い5Gではメーカーの負担が増える可能性がある。

アバンシ創業者で最高経営責任者（CEO）のカシム・アルファラヒ氏が同日、日本経済新聞などの取材に応じた。アバンシは通信会社などが持つ特許の利用許可の交渉をまとめて担う。利用許可を得るプロセスの簡易化を目指し16年に設立した。多数の特許を一括してメーカー側に提供し、見返りに使用料（ライセンス料）を徴収する。

5Gの交渉についてアルファラヒCEOは「4Gの交渉をしながら進めてきた」と指摘。自動車メーカーはソフトを頻繁に更新して車両価値を高める「ソフトウエア・デファインド・ビークル（SDV）」の開発に力を入れ、無線通信はソフト更新に必須の技術となる。通信関連の業界団体GSMAは、5Gの接続数が25年末までに20億に達すると予想する。5Gを利用したつながる車の普及をにらみ妥結を急ぐ考えだ。

5Gには自動車での利用に適した仕様を盛り込んである。例えば通信の遅延時間が4Gの数十分の1となる1ミリ秒と短いことだ。自動車は高速移動するため衝突回避などには遅延時間が短いことが欠かせない。自動車メーカーの技術系幹部は「自動運転に5Gは欠かせなくなる」と話す。

4Gの交渉ではトヨタ自動車や日産自動車、ホンダなどの日本企業と1台あたり15〜20ドルで22年に合意した。世界では80超の自動車ブランドと合意している。アルファラヒCEOは特許料について「5Gの特許数は4Gより多い」と話し、上げる方向で交渉しているとみられる。国内通信会社幹部は「4Gより下がる理由はない」と話す。

アバンシは5Gの参加企業を明らかにしていない。4Gではフィンランドのノキアやスウェーデンのエリクソン、米クアルコムなどの海外企業や、パナソニックホールディングスやソニーグループなど日本企業が参加していた。アバンシは4Gの標準必須特許のうち8割以上をカバーしている。

日本メーカーでは4Gの交渉で「アバンシ側の言い値での契約を余儀なくされた」との見方がある。4Gの特許料交渉では独BMWや米ゼネラル・モーターズ（GM）などの欧米メーカーがアバンシと契約をしたあと、日本勢はそれに追随する形だった。国内自動車メーカー幹部は「次はしっかりと価格交渉も考えないといけない」と話す。

日本の自動車業界では取引先の部品メーカーに特許の権利処理を任せる慣行だった。自動車メーカーの立場が強かったため成り立ってきた。ただ、つながる車や電気自動車（EV）など次世代技術では、異業種の情報技術（IT）企業などが強みを持つ。こうした企業は単価の高い自動車メーカーを相手にしたほうが効率的に特許の使用料を得られるとの思惑もあり、自動車業界は従来の取引

慣行の見直しを迫られている。

（2023年7月14日　日本経済新聞）

合成燃料、ホンダ・ポルシェが先行　生産コストなど課題

欧州連合（EU）は温暖化ガス排出をゼロとみなす合成燃料の利用に限り、2035年以降もエンジン車の新車販売を容認した。合成燃料は電動化が難しい航空機・船舶向けが本命で、自動車業界では航空関連事業も手がけるホンダと独ポルシェが先行する。生産コストの高さなど課題も多いが、EUの新方針により車での需要拡大を見込んだ開発競争が加速しそうだ。

合成燃料は再生可能エネルギーから生み出すグリーン水素と、工場などで回収・貯蓄した二酸化炭素（CO2）からつくる。現在のエンジン車やガソリンスタンドでそのまま使えるのが利点だ。精製すれば航空機のジェット燃料や船舶向け燃料にも使うことができる。

自動車メーカーではポルシェが先手を打つ。独シーメンス・エナジーと組んで22年12月、チリ南部に合成燃料の工場を稼働した。独政府の補助を受け、25年までに年5500万リットル、27年からは同5億5000万リットルを生産する。

ホンダは長距離や高速走行で高出力が求められる自動車レース向けに合成燃料の活用を検討している。小型ジェット機「ホンダジェット」の機体やエンジンを手掛けていることを生かし、合成燃料の実用化に向けて必要な触媒の研究開発などをしている。トヨタ自動車も耐久レースに合成燃料を使用したスポーツ車を投入した。

EUの新方針について、日本の自動車業界からは歓迎の声があがる。いすゞ自動車の次期社長である南真介取締役専務執行役員は29日、「これまでの内燃機関技術を生かせる」とコメントした。日産自動車幹部も「航空業界などで先行して広がればコストが下がり、自動車向けにも普及する」と期待を寄せる。

電気自動車（EV）への移行で失う恐れのあった雇用や工場維持への期待も大きい。エンジン部品を手掛けるリケンの幹部は「合成燃料を使った内燃機関車向けで部品需要が生まれる」と話す。

合成燃料の最大の課題は割高な生産コストだ。ポルシェは21年時点でプラント稼働当初の生産コストを1リットル10ドル（約1300円）と想定。本格的に量産しても2ドルとみる。日本の経済産業省の試算では国内製造で約700円。

ガソリンの販売価格よりもはるかに高い。

再生エネ由来の電力を使ってEVを走らせる場合と比べ、合成燃料使用車はエネルギー効率が悪くなる技術的な課題もある。同じ量の再生エネを使った場合、航続距離はEVの方が5倍長いとされる。水の電気分解時や合成時、エンジンでの燃焼時などにエネルギー損失が生まれるからだ。

合成燃料はガソリンやディーゼルと同じ成分のため、エンジンで燃やせば窒素酸化物（NOx）などが発生する。自動車からの排ガスは完全にクリーンになるわけではなく、浄化装置も不可欠となる。「合成燃料は新車のためというよりも、すでにある車の脱炭素の方法として活用すべきだ」（メルセデス・ベンツグループのオラ・ケレニウス社長）との声もある。

自動車向けには課題が山積しているが、もともと合成燃料は電動化が難しい航空機や船舶中心に利用されるとの見方が大勢だった。調査会社LMCオートモーティブの試算では、合成燃料の生産量は26年までに20億ガロン（約76億リットル）、28年までに50億ガロンに拡大する。それでも航空業界の総需要（約900億ガロン）の5.5％に過ぎず、車向けの供給量は限られる可能性が高い。

需要増大を見越し、日本の石油元売りも動いている。ENEOSホールディングスは研究拠点の中央技術研究所（横浜市）で日産1バレル（約159リットル）の小規模プラントの建設に乗り出した。28年度までに同300バレルの中規模プラントを建設し、40年ごろまでの商用化を目指す。出光興産は30年までに北海道製油所（北海道苫小牧市）で合成燃料の製造を始める計画だ。

EUの新方針でも全体としてEV移行を進めることは堅持された。自動車業界はEVシフトに取り組みながら、合成燃料への対応で既存のサプライチェーンをいかに活用していくかが問われることになる。

（2023年3月29日　日本経済新聞）

自動車総連、中小40組合でベア獲得　獲得額は前年の4倍

自動車業界の労働組合でつくる自動車総連（東京・港）は21日、2023年の春季労使交渉について、組合員が300人未満の中小企業42組合のうち、95.2％にあたる40組合が基本給のベースアップ（ベア）を獲得したと発表した。同時期の前年実績（60％強）を大きく上回った。獲得額の平均も前年の同時期比4倍強の4379円だった。

21日までに会社から回答を受け取った42組合のうち、6組合がベアの要求額

に対して満額回答だった。42組合の平均のベア率は1.7%という。金子晃浩会長は同日の記者会見で「先行して回答のあった労組の良い流れが、中堅中小の取り組みに影響している。この流れを非正規などにも広げていかないといけない」と語った。

大企業も含めると、回答のあった163組合のうち98.8%にあたる161組合がベアを獲得した。50組合が満額回答を得た。ベアを獲得した労組の割合は同時期の70%強を上回り、獲得額の平均は5倍強の月5274円だった。

自動車総連の加盟組合は1000組合を超え、約900組合で交渉が続いている。ホンダグループの販売会社や部品会社などの労働組合でつくる全国本田労働組合連合会（全本田労連）は、同日までに加盟する計44労組の平均で前年比6.3倍の月約6000円のベアを獲得したと明らかにした。ベア率は2.2%だった。

（2023年3月21日　日本経済新聞）

超小型EV、中国スタートアップが開発　都市部の若者向け

超小型の電気自動車（EV）を開発する中国スタートアップ企業の「坐騎科技」が、エンジェルラウンドで数千万元（数億～十数億円）を調達した。出資したのは海貝資本（Seashell Capital）、元航資本（Essential Capital）など。

2018年に設立された坐騎科技は超小型EVを手がけ、車体を自動的に傾斜させる「VATC（Vehicle Active Tilting Control）」などの技術やシャシー（車台）のトータルソリューションを展開する。創業者の王亜氏は北京理工大学で博士課程を専攻し、自動運転関連のソリューションを提供する中国企業の智行者科技（Idriverplus Technology）で自動運転車の制御アルゴリズムに従事した。

自動車業界がガソリン車からEVへ移行する過程で、電動バイクにも成長機会がもたらされている。坐騎科技が開発するのは一般に広く流通する電動バイクとは異なり、自動車のように筐体で囲われた狭小ボディーの超小型EVで、バイクと自動車の中間のような形態だ。

王氏によると、中国では毎年2000万台ほどのバイクが売れる。しかし、バイク移動には風や日光にさらされるという問題もつきまとう。高齢者用電動カートならこうした問題も回避できるが、ユーザーはほとんど中高年に限定されるうえ、走行速度が遅い、車体がバイクよりかなり大きい、デザインが冴えないなど、若者を引きつける要素は少ない。

同社の車種ならばバイクの欠点をクリアできると王氏は考える。高齢者用電動カートに比べて車体も幅狭で走行速度も速く、都市在住の若者向けに設計されているからだ。

坐騎科技の超小型EVはボディー幅が0.8〜1メートルで、マイクロカーの半分ほどだ。走行速度は時速70〜110キロで、航続距離は150キロ。車内にはステアリング、IoV（車載インターネット）、エアコンなどを備える。過去にトヨタ自動車もこれに似たパーソナルモビリティ「TOYOTA i-ROAD」をリリースしている。

また、シャシーには車体を傾斜させるVATC技術が採用されている。車が曲がるときにカーブの内側に向かって車体が傾斜し、重心を分散させることで遠心力を打ち消し、横転を防ぐようになっている。このため、筐体に覆われた車体でありながら、バイク並みのサイズとコーナリング能力を兼ね備えるのだ。

同社初の超小型EV「Z6」はすでに試作を終え、年末にも正式発表される予定だ。最初の製品を発売した後は、5年以内に3車種の発売を目指している。

（2023年3月9日　日本経済新聞）

普通車販売、「23年は300万台に」　自販連会長が見通し

自動車販売会社の業界団体、日本自動車販売協会連合会（自販連）の金子直幹会長（福岡トヨタ自動車社長）は27日に東京都内で開いた記者会見で、2023年の普通車（排気量660cc超、軽自動車は除く）の新車販売見通しについて「300万台が目安」と話した。

半導体不足は続くものの、23年1月の新車販売が前年同月比で1割増えるなどし、「変化の兆しが見える」（金子会長）と指摘した。新型コロナウイルス感染拡大前の19年の新車販売の328万台に近づく。

22年も同年2月時点では300万台程度と見込んでいた。ただ車載半導体不足の長期化に加えて中国のロックダウン（都市封鎖）によるサプライチェーン（供給網）の混乱もあり、新車販売は256万台にとどまった。20年以降3年連続で300万台を下回った。

自動車業界では23年後半から半導体不足が解消していくという見方が広がっている。金子会長は「受注残が大量にたまっており、（新規の）受注も好調だ」と指摘し、生産の回復を「大変期待している」と話した。

温暖化ガス排出を実質ゼロにするカーボンニュートラルについても触れ、自販

連として３月末までに業界の行動指針をまとめる考えを明らかにした。温暖化ガスの削減計画だけでなく、消費者に対しても環境負荷の低い車の乗り方などを紹介するという。

（2023年２月27日　日本経済新聞）

自動車総連、５年連続ベア統一要求せず　物価対応は明記

自動車業界の労働組合が加盟する自動車総連は12日、2023年春季労使交渉で基本給を底上げするベースアップ（ベア）の統一金額要求を掲げない方針を決めた。統一額を掲げないのは５年連続。一方で、物価高に対応した賃金水準を求めることは要求に明記した。金子晃浩会長は「ここ数年とは明らかに異なる取り組みとしてもらいたい」と呼びかけた。

熊本市で中央委員会を開き正式決定した。月例賃金の要求では「物価上昇から生活を守り、実質賃金の低下から労働の価値を守る」という文章を盛り込んだ。中央委前に開いた記者会見で金子会長は「この言葉が持つ意味について、具体的にいくらなのかということを各労組で議論してもらいたい」と話した。

自動車総連は19年にベアの統一要求の金額を設けず、賃金の絶対額を重視する取り組みにシフトした。賃金の底上げを図り企業間の格差を是正することを目指しており、「このベースは今年も継続する」（金子氏）とした。

23年の春季労使交渉をめぐっては、物価高への対応を企業側に求める動きが広がっている。労働組合の中央組織である連合はベア３％、定期昇給（定昇）で２％と計５％程度の賃上げ要求を決めた。電機各社の労働組合で構成する電機連合はベアの統一要求額を月額7000円以上とする方針を固めた。

自動車総連は労使協定で定める企業内最低賃金について、18歳で前年要求から5000円引き上げ17万3000円以上を要求する方針も決めた。少なくとも直近10年で最大の上げ幅という。地域別最低賃金が上昇していることや、人材確保の観点から底上げを進める。

また、原材料やエネルギー価格の上昇に伴い、賃上げの原資が確保できるように完成車メーカーと部品会社などの企業間で価格転嫁の交渉がしやすい風土づくりを進めることも促していく。

（2023年１月12日　日本経済新聞）

▶労働環境

職種：管理関連職　　年齢・性別：30代前半・男性

- グローバル企業のイメージですが，実際は典型的な日本企業です。
- 上司と部下の関係，職場と家庭の関係がいまだに強固な会社です。
- 家族が参加できる職場のイベントが多く開催されます。
- 年1回はグループ会社が一堂に会する大イベントが開催されます。

職種：商品企画　　年齢・性別：20代後半・女性

- 毎週ノー残業デーが決められていて，メリハリのある生活が送れます。
- 最大3年間の育児休暇が取れ，女性も非常に働きやすいです。
- 夫の転勤が理由で退職する場合など，再就職への扉も開かれていて，優秀な人材の確保をしっかり行っていると感じます。

職種：システム開発（制御系）関連職　　年齢・性別：20代後半・男性

- 労働組合がしっかりしているので有休が取りやすい環境です。
- 毎日残業しないといけないという風土はありません。
- 働ける時に働いて，予定がある時はフレックスを使って帰ることも。
- 家庭内のイベントがある時に帰れなかったということはありません。

職種：経理　　年齢・性別：20代後半・男性

- 基本的に1年間の残業時間は360時間までに制限されます。
- ただし，課長級以上の管理職は残業規制の対象にはなりません。
- グループ異動，部署異動，海外異動は毎年のようにあります。
- 最長4年程度しか同部署にいないため，人間関係はライトです。

▶福利厚生

職種：研究開発　　年齢・性別：20代後半・男性

・大企業なだけあり充実していますが，住宅手当はそれほどでも。
・通勤手当は実費で出るので，遠距離通勤もその気になれば可能です。
・互助会を上手に利用すれば，保険にとてもお得に入れます。
・保養所も充実しているので，皆よく使っています。

職種：管理関連職　　年齢・性別：30代前半・男性

・住宅購入の目的があれば，社内預金の利率が優遇されます。
・住宅ローンも特別に優遇されるプログラムが準備されています。
・関連企業の物件だと，更に住宅ローンが優遇される場合も。
・企業年金も充実しているので，十分な老後資金が準備できます。

職種：制御設計（電気・電子）　　年齢・性別：20代後半・男性

・福利厚生は年間一定額を自由に利用できるカフェテリアプランです。
・社宅や寮もあり，各種保険の団体割引も充実しています。
・社内運動会といったレクリエーションもあり，誰でも参加できます。
　就業時間後に希望すれば社屋内で語学などが学べます。

職種：購買・資財　　年齢・性別：30代前半・男性

・会社直営の保養所や会員制保養所があり，格安で利用できます。
・保養所には家族や親戚，友人も一緒に宿泊できるのがメリット。
・カフェテリアプランのポイントが全社員に毎年付与されます。
・長年ポイントを貯め続けて，海外旅行などに使う人もいます。

▶仕事のやりがい

職種：法人営業　　年齢・性別：20代後半・男性

・仕事内容の世間への影響力の大きさがやりがいといえます。
・プロジェクトは中小企業では到底できない規模と人数で行います。
・大規模なプロジェクトの管理など，大変ながらも面白く感じます。
・走行テストは，未知の領域に踏み込んでいく感じがたまらないです。

職種：物流，購買，資材調達　　年齢・性別：20代後半・男性

・グローバルに働けるという点は，非常にやりがいを感じます。
・自分の仕事が国の政策を動かすこともあり，仕事の大きさを実感。
・しかしやはり超大企業のため，歯車感は半端なくありますが。
・希にすごく優秀でモチベーションの高い人と働けるのは魅力です。

職種：営業アシスタント　　年齢・性別：20代後半・男性

・ニュース等で業績が掲載されると，自分の仕事の大きさを感じます。
・若手であっても海外出張のチャンスに多く恵まれ，非常に刺激的。
・常に仕事に対して志を高く持っていることが求められます。
・指導環境は充実していますが，自己努力は相当必要だと思います。

職種：研究開発　　年齢・性別：20代後半・男性

・自分がやりたい事を自由にやらせてくれる会社です。
・理由と目的を明確にし，リーダーシップを求められます。
・先輩が仕事を1から教えてくれるような教育体制はありません。
・若いうちから積極的に業務に携わり仕事を覚えることが重要です。

▶ブラック？ホワイト？

職種：**海外営業**　　年齢・性別：**30代前半・男性**

- 海外営業マーケティングといっても，地域は北米欧州を除いた海外。
- 業務の現地化・現地人化が進んでおり，海外赴任はほぼ望めません。
- 40代半ば〜50歳で出向や転籍を迎える管理職がほとんどです。
- 役員にならない限り，定年まで働ける会社ではないのが実状です。

職種：**経営企画**　　年齢・性別：**20代後半・男性**

- 社風は総合商社っぽい感じがします。
- ガツガツした人が多く，高圧的な人も散見します。
- 体育会系の雰囲気が苦手な人には厳しいかもしれません。
- 巷で「●●の社員は評判が悪い」と聞くこともしばしば。

職種：**法人営業**　　年齢・性別：**30代後半・男性**

- 体育会系が多く，イケイケの人間にとっては働きやすい環境です。
- 管理職の人間が皆優秀というわけではありません。
- 要領の良い人間が引き立てられることもあります。
- 大企業ゆえに安定性に関しては問題ありません。

職種：**研究開発**　　年齢・性別：**40代前半・男性**

- 部署によりますが，設計系はサービス残業が横行しています。
- 管理されているはずなのに，なぜか深夜までの勤務が続く部署も。
- 実験系は現場が関わるため，比較的管理されています。
- 基本は20時に帰宅を促され，フロアの電気を消されてしまいます。

▶女性の働きやすさ

職種：**商品企画**　　年齢・性別：**30代後半・男性**

- 現在では会社一丸となって，ダイバーシティに取り組んでいます。
- 実際に他社よりも女性は働き易いのではないでしょうか。
- 育児休暇後の復職は普通のことですし，女性管理職も増えています。
- 「女性が働きやすい」が入社理由の女性従業員も増えています。

職種：**法人営業**　　年齢・性別　**30代後半・男性**

- 育児休暇は1年取得でき，評価もきちんとしてくれます。
- 旧態依然としたところがあり，女性が出世するのはまだ難しいです。
- セクハラやパワーハラスメントには大変厳しく取り組んでいます。
- 匿名による社内通報制度や，相談所があるのは良いと思います。

職種：**保健師**　　年齢・性別：**20代後半・女性**

- 育児休暇は最長2年まで取得できます。
- 子どもが小学校4年生までは，短時間勤務も選択できます。
- お飾りの制度ではなく，希望する人が申請・取得できています。
- 年休は1年に20日付与され，ほぼ100％消化できます。

職種：**一般事務**　　年齢・性別：**20代後半・女性**

- 出産や結婚に対して仕事が全く支障になりません。
- 産休も取りやすく，職場の理解もあるため復帰もしやすいです。
- 女性役員が少ないため，女性社員を育てようという雰囲気です。
- 給与，福利厚生，社風どれをとっても働きやすい環境だと思います。

▶今後の展望

職種：経営企画 　　年齢・性別：30代前半・男性

・ 国内企業にライバルはなく，強いて言えば外国企業で１社あります。
・ 弊社の技術がなければ，自動車業界の今後の発展は覚束ないかと。
・ 某IT企業が自動運転技術に先行と言われますが，量産化には品質管理など，業界特有の参入障壁が立ち塞がるので脅威ではないです。

職種：技能工（加工・溶接） 　　年齢・性別：20代後半・男性

・ 既存の車種を次々モデルチェンジしたり，新規投入を早めたり，開発，製造を前倒しにする傾向があり，現場は大混乱することも。この体制が昨今のリコールや不具合に繋がっていると考えられます。
・ 不具合が多発すると顧客が他社へ乗り換えるかもと不安になります。

職種：評価・テスト（機械） 　　年齢・性別：30代後半・男性

・ 研修は入社年数に応じて個人別のものと社員一律のものがあります。
・ マナー教育や一般常識など幅広い社員教育が織り込まれています。
・ 今後外資系企業との連携が増えていく上で英会話力は必須です。
・ TOEICの点数アップが今後重点的に求められることになるでしょう。

職種：海外営業 　　年齢・性別：30代前半・男性

・ ダイバーシティ推進のため，女性管理職の目標比率を定めています。
・ 男女で実力が同じであれば，女性の方が昇進のチャンスがあります。
・ 外国人で女性の場合，更に管理職を目指しやすくなっています。
・ 日本人男性が管理職を目指すのは，今後かなり難しくなるようです。

自動車業界　国内企業リスト（一部抜粋）

会社名	本社住所
トヨタ紡織株式会社	愛知県刈谷市豊田町1丁目1番地
鬼怒川ゴム工業株式会社	千葉県千葉市稲毛区長沼町330番地
ユニプレス株式会社	神奈川県横浜市港北区新横浜1-19-20
株式会社豊田自動織機	愛知県刈谷市豊田町2丁目1番地
株式会社モリタホールディングス	大阪市中央区道修町3丁目6番1号 京阪神御堂筋ビル12階
三桜工業株式会社	東京都渋谷区恵比寿1-23-23
株式会社デンソー	愛知県刈谷市昭和町1-1
株式会社東海理化電機製作所	愛知県丹羽郡大口町豊田三丁目260番地
三井造船株式会社	東京都中央区築地5丁目6番4号
佐世保重工業株式会社	東京都中央区日本橋浜町2-31-1（浜町センタービル17F）
川崎重工業株式会社	東京都港区海岸一丁目14-5
株式会社名村造船所	大阪市西区立売堀2丁目1番9号 日建ビル8F
サノヤスホールディングス株式会社	大阪市北区中之島三丁目3番23号
日本車輌製造株式会社	名古屋市熱田区三本松町1番1号
ニチユ三菱フォークリフト株式会社	京都府長岡京市東神足2-1-1
近畿車輛株式会社	東大阪市稲田上町2丁目2番46号
日産自動車株式会社	神奈川県横浜市西区高島一丁目1番1号
いすゞ自動車株式会社	東京都品川区南大井6-26-1 大森ベルポートA館
トヨタ自動車株式会社	愛知県豊田市トヨタ町1番地
日野自動車株式会社	東京都日野市日野台3丁目1番地1
三菱自動車工業株式会社	東京都港区芝五丁目33番8号

会社名	本社住所
株式会社エフテック	埼玉県久喜市菖蒲町昭和沼 19 番地
GMB 株式会社	奈良県磯城郡川西町大字吐田 150 番地 3
武蔵精密工業株式会社	愛知県豊橋市植田町字大膳 39-5
日産車体株式会社	神奈川県平塚市天沼 10 番 1 号
新明和工業株式会社	兵庫県宝塚市新明和町 1-1
極東開発工業株式会社	兵庫県西宮市甲子園口 6 丁目 1-45
日信工業株式会社	長野県上田市国分 840
トピー工業株式会社	東京都品川区大崎 1-2-2 アートヴィレッジ大崎セントラルタワー
株式会社ティラド	東京都渋谷区代々木 3 丁目 25 番 3 号
曙ブレーキ工業株式会社	埼玉県羽生市東 5 丁目 4 番地 71 号
株式会社タチエス	東京都昭島市松原町 3 丁目 3 番 7 号
ＮＯＫ株式会社	東京都港区芝大門 1 丁目 12 番 15 号
フタバ産業株式会社	愛知県岡崎市橋目町字御茶屋 1 番地
カヤバ工業株式会社（KYB 株式会社）	東京都港区浜松町二丁目 4 番 1 号 世界貿易センタービル
シロキ工業株式会社	愛知県豊川市千両町下野市場 35-1
大同メタル工業株式会社	愛知県名古屋市中区栄二丁目 3 番 1 号 名古屋広小路ビルヂング 13 階
プレス工業株式会社	神奈川県川崎市川崎区塩浜 1 丁目 1 番 1 号
カルソニックカンセイ株式会社	埼玉県さいたま市北区日進町二丁目 1917 番地
太平洋工業株式会社	岐阜県大垣市久徳町 100 番地
株式会社ケーヒン	東京都新宿区西新宿一丁目 26 番 2 号 新宿野村ビル 39F
河西工業株式会社	神奈川県高座郡寒川町宮山 3316
アイシン精機株式会社	愛知県刈谷市朝日町 2 丁目 1 番地

会社名	本社住所
富士機工株式会社	静岡県湖西市鷲津 3131 番地
マツダ株式会社	広島県安芸郡府中町新地 3 番 1 号
ダイハツ工業株式会社	大阪府池田市ダイハツ町 1 番 1 号
株式会社今仙電機製作所	愛知県犬山市字柿畑 1 番地
本田技研工業株式会社	東京都港区南青山 2-1-1
スズキ株式会社	静岡県浜松市南区高塚町 300
富士重工業株式会社	東京都新宿区西新宿一丁目 7 番 2 号
ヤマハ発動機株式会社	静岡県磐田市新貝 2500
株式会社ショーワ	埼玉県行田市藤原町一丁目 14 番地 1
株式会社ＴＢＫ	東京都町田市南成瀬 4-21-1
株式会社エクセディ	大阪府寝屋川市木田元宮 1 丁目 1 番 1 号
豊田合成株式会社	愛知県清須市春日長畑 1 番地
愛三工業株式会社	愛知県大府市共和町一丁目 1 番地の 1
株式会社ヨロズ	神奈川県横浜市港北区樽町 3-7-60
株式会社エフ・シー・シー	静岡県浜松市北区細江町中川 7000 番地の 36
株式会社シマノ	大阪府堺市堺区老松町 3 丁 77 番地
タカタ株式会社	東京都港区赤坂 2 丁目 12 番 31 号
テイ・エス テック株式会社	埼玉県朝霞市栄町 3 丁目 7 番 27 号

第**3**章

就職活動のはじめかた

入りたい会社は決まった。しかし「就職活動とはそもそ
も何をしていいのかわからない」「どんな流れで進むか
わからない」という声は意外と多い。ここでは就職活
動の一般的な流れや内容，対策について解説していく。

▶就職活動のスケジュール

3月	**4**月	**6**月

就職活動スタート

> 2025年卒の就活スケジュールは,経団連と政府を中心に議論され,2024年卒の採用選考スケジュールから概ね変更なしとされている。

エントリー受付・提出

OB・OG訪問

> 企業の説明会には積極的に参加しよう。独自の企業研究だけでは見えてこなかった新たな情報を得る機会であるとともに,モチベーションアップにもつながる。また,説明会に参加した者だけに配布する資料などもある。

合同企業説明会　　**個別企業説明会**

筆記試験・面接試験等始まる（3月〜）

内々定(大手企業)

2月末までにやっておきたいこと

就職活動が本格化する前に，以下のことに取り組んでおこう。
　　◎自己分析　◎インターンシップ　◎筆記試験対策
　　◎業界研究・企業研究　◎学内就職ガイダンス
自分が本当にやりたいことはなにか，自分の能力を最大限に活かせる会社はどこか。自己分析と企業研究を重ね，それを文章などにして明確にしておき，面接時に最大限に活用できるようにしておこう。

7月　　　　8月　　　　10月

中小企業採用本格化

内定者の数が採用予定数に満たない企業、1年を通して採用を継続している企業、夏休み以降に採用活動を実施企業（後期採用）は採用活動を継続して行っている。大企業でも後期採用を行っていることもあるので、企業から内定が出ても、納得がいかなければ継続して就職活動を行うこともある。

中小企業の採用が本格化するのは大手企業より少し遅いこの時期から。HPなどで採用情報をつかむとともに、企業研究も怠らないようにしよう。

内々定とは10月1日以前に通知（電話等）されるもの。内定に関しては現在協定があり、10月1日以降に文書等にて通知される。

内々定（中小企業）　　　　内定式（10月〜）

どんな人物が求められる？

多くの企業は、常識やコミュニケーション能力があり、社会のできごとに高い関心を持っている人物を求めている。これは「会社の一員として将来の企業発展に寄与してくれるか」という視点に基づく、もっとも普遍的な選考基準だ。もちろん、「自社の志望を真剣に考えているか」「自社の製品、サービスにどれだけの関心を向けているか」という熱意の部分も重要な要素になる。

就活ロールプレイ！

理論編 STEP **1** 就職活動のスタート

内定までの道のりは，大きく分けると以下のようになる。

自 己 分 析

⬇

企 業 研 究

⬇

エントリーシート・筆記試験・面接

⬇

内 定

01 まず自己分析からスタート

就職活動とは，「企業に自分をPRすること」。自分自身の興味，価値観に加えて，強み・能力という要素が加わって，初めて企業側に「自分が働いたら，こういうポイントで貢献できる」と自分自身を売り込むことができるようになる。

■自分の来た道を振り返る

自己分析をするための第一歩は，「振り返ってみる」こと。

小学校，中学校など自分のいた"場"ごとに何をしたか（部活動など），何を学んだか，交友関係はどうだったか，興味のあったこと，覚えている印象的なことを書き出してみよう。

■テストを受けてみる

"自分では気がついていない能力"を客観的に検査してもらうことで，自分に向いている職種が見えてくる。下記の5種類が代表的なものだ。

①職業適性検査　　②知能検査　　③性格検査

④職業興味検査　　⑤創造性検査

■先輩や専門家に相談してみる

　就職活動をするうえでは，"いかに他人に自分のことをわかってもらうか"が重要なポイント。他者の視点で自分を分析してもらうことで，より客観的な視点で自己PRができるようになる。

自己分析の流れ
❏過去の経験を書いてみる
❏現在の自己イメージを明確にする…行動，考え方，好きなものなど。
❏他人から見た自分を明確にする
❏将来の自分を明確にしてみる…どのような生活をおくっていたいか。期待，夢，願望。なりたい自分はどういうものか，掘り下げて考える。→ 自己分析結果を，志望動機につなげていく。

企業の情報を収集する

01 企業の絞り込み

　志望企業の絞り込みについての考え方は大きく分けて2つある。

　第1は，同一業種の中で1次候補，2次候補……と絞り込んでいく方法。

　第2は，業種を1次，2次，3次候補と変えながら，それぞれに2社程度ずつ絞り込んでいく方法。

　第1の方法では，志望する同一業種の中で，一流企業，中堅企業，中小企業，縁故などがある歯止めの会社……というふうに絞り込んでいく。

　第2の方法では，自分が最も望んでいる業種，将来好きになれそうな業種，発展性のある業種，安定性のある業種，現在好況な業種……というふうに区別して，それぞれに適当な会社を絞り込んでいく。

02 情報の収集場所

・キャリアセンター

・新聞

・インターネット

・企業情報

『就職四季報』（東洋経済新報社刊），『日経会社情報』（日本経済新聞社刊）などの企業情報。この種の資料は本来“株式市場”についての資料だが，その時期の景気動向を含めた情報を仕入れることができる。

・経済雑誌

『ダイヤモンド』（ダイヤモンド社刊）や『東洋経済』（東洋経済新報社刊），『エコノミスト』（毎日新聞出版刊）など。

・OB・OG／社会人

①成長力

まず"売上高"。次に資本力の問題や利益率などの比率。いくら資本金があっても，それを上回る膨大な借金を抱えていて，いくら稼いでも利払いに追われまくるようでは，成長できないし，安定できない。

成長力を見るには自己資本率を割り出してみる。自己資本を総資本で割って100を掛けると自己資本率がパーセントで出てくる。自己資本の比率が高いほうが成長力もあり安定度も高い。

利益率は純利益を売上高で割って100を掛ける。利益率が高ければ，企業はどんどん成長するし，社員の待遇も上昇する。利益率が低いということは，仕事がどんなに忙しくても利益にはつながらないということになる。

②技術力

技術力は，短期的な見方と長期的な展望が必要になってくる。研究部門が適切な規模か，大学など企業外の研究部門との連絡があるか，先端技術の分野で開発を続けているかどうかなど。

③経営者と経営形態

会社が将来，どのような発展をするか，または衰退するかは経営者の経営哲学，経営方針によるところが大きい。社長の経歴を知ることも必要。創始者の息子，孫といった親族が社長をしているのか，サラリーマン社長か，官庁などからの天下りかということも大切なチェックポイント。

④社風

社風というのは先輩社員から後輩社員に伝えられ，教えられるもの。社風もいろいろな面から必ずチェックしよう。

⑤安定性

企業が成長しているか，安定しているかということは車の両輪。どちらか片方の回転が遅くなっても企業はバランスを失う。安定し，しかも成長する。これが企業として最も理想とするところ。

⑥待遇

初任給だけを考えてみても，それが手取りなのか，基本給なのか。基本給というのはボーナスから退職金，定期昇給の金額にまで響いてくる。また，待遇というのは給与ばかりではなく，福利厚生施設でも大きな差が出てくる。

■そのほかの会社比較の基準

1. ゆとり度

休暇制度は，企業によって独自のものを設定しているところもある。「長期休暇制度」といったものなどの制定状況と，また実際に取得できているかどうかも調べたい。

2. 独身寮や住宅設備

最近では，社宅は廃止し，住宅手当を多く出すという流れもある。寮や社宅についての福利厚生は調べておく。

3. オフィス環境

会社に根づいた慣習や社員に対する考え方が，意外にオフィスの設備やレイアウトに表れている場合がある。

たとえば，個人の専有スペースの広さや区切り方，パソコンなどOA機器の設置状況，上司と部下の机の配置など，会社によってずいぶん違うもの。玄関ロビーや受付の様子を観察するだけでも，会社ごとのカラーや特徴がどこかに見えてくる。

4. 勤務地

転勤はイヤ，どうしても特定の地域で生活していきたい。そんな声に応えて，最近は流通業などを中心に，勤務地限定の雇用制度を取り入れる企業も増えている。

---

column　初任給では分からない本当の給与

会社の給与水準には「初任給」「平均給与」「平均ボーナス」「モデル給与」など，判断材料となるいくつかのデータがある。これらのデータからその会社の給料の優劣を判断するのは非常に難しい。

たとえば中小企業の中には，初任給が飛び抜けて高い会社がときどきある。しかしその後の昇給率は大きくないのがほとんど。

一方，大手企業の初任給は業種間や企業間の差が小さく，ほとんど横並びと言っていい。そこで，「平均給与」や「平均ボーナス」などで将来の予測をするわけだが，これは一応の目安とはなるが，個人差があるので正確とは言えない。

04 就職ノートの作成

■決定版「就職ノート」はこう作る

　1冊にすべて書き込みたいという人には，ルーズリーフ形式のノートがお勧め。会社研究，スケジュール，時事用語，OB／OG訪問，切り抜きなどの項目を作りインデックスをつける。

　カレンダー，説明会，試験などのスケジュール表を貼り，とくに会社別の説明会，面談，書類提出，試験の日程がひと目で分かる表なども作っておく。そして見開き2ページで1社を載せ，左ページに企業研究，右ページには志望理由，自己PRなどを整理する。

就職ノートの主なチェック項目

❏企業研究…資本金，業務内容，従業員数など基礎的な会社概要から，過去の採用状況，業務報告などのデータ

❏採用試験メモ…日程，条件，提出書類，採用方法，試験の傾向など

❏店舗・営業所見学メモ…流通関係，銀行などの場合は，客として訪問し，商品（値段，使用価値，ユーザーへの配慮），店員（接客態度，商品知識，熱意，親切度），店舗（ショーケース，陳列の工夫，店内の清潔さ）などの面をチェック

❏OB／OG訪問メモ…OB／OGの名前，連絡先，訪問日時，面談場所，質疑応答のポイント，印象など

❏会社訪問メモ…連絡先，人事担当者名，会社までの交通機関，最寄り駅からの地図，訪問のときに得た情報や印象，訪問にいたるまでの経過も記入

　「OB／OG訪問」は，実際は採用予備選考開始。まず，OB／OG訪問を希望したら，大学のキャリアセンター，教授などの紹介で，志望企業に勤める先輩の手がかりをつかむ。もちろん直接電話なり手紙で，自分の意向を会社側に伝えてもいい。自分の在籍大学，学部をはっきり言って，「先輩を紹介していただけないでしょうか」と依頼しよう。

OB／OG訪問時の質問リスト例

●採用について
- ・成績と面接の比重
- ・採用までのプロセス（日程）
- ・面接は何回あるか
- ・面接で質問される事項　etc.
- ・評価のポイント
- ・筆記試験の傾向と対策
- ・コネの効力はどうか

●仕事について
- ・内容（入社10年，20年のOB/OG）
- ・希望職種につけるのか
- ・残業，休日出勤，出張など
- ・新入社員の仕事
- ・やりがいはどうか
- ・同業他社と比較してどうか　etc.

●社風について
- ・社内のムード
- ・仕事のさせ方　etc.
- ・上司や同僚との関係

●待遇について
- ・給与について
- ・昇進のスピード
- ・福利厚生の状態
- ・離職率について　etc.

06 インターンシップ

インターンシップとは，学生向けに企業が用意している「就業体験」プログラム。ここで学生はさまざまな企業の実態をより深く知ることができ，その後の就職活動において自己分析，業界研究，職種選びなどに活かすことができる。また企業側にとっても有能な学生を発掘できるというメリットがあるため，導入する企業は増えている。

インターンシップ参加が採用につながっているケースもあるため，たくさん参加してみよう。

column コネを利用するのも１つの手段？

コネを活用できるのは，以下のような場合である。

・企業と大学に何らかの「連絡」がある場合

企業の新卒採用の場合，特定校・指定校が決められていることもある。企業側が過去の実績などに基づいて決めており，大学の力が大きくものをいう。

とくに理工系では，指導教授や研究室と企業との連絡が密接な場合が多く，教授の推薦が有利であることは言うまでもない。同じ大学出身の先輩とのコネも，この部類に区分できる。

・志望企業と「関係」ある人と関係がある場合

一般的に言えば，志望企業の取り引き先関係からの紹介というのが一番多い。ただし，年間億単位の実績が必要で，しかも部長・役員以上につながっていなければコネがあるとは言えない。

・志望企業と何らかの「親しい関係」がある場合

志望企業に勤務したりアルバイトをしていたことがあるという場合。インターンシップもここに分類される。職場にも馴染みがあり人間関係もできているので，就職に際してきわめて有利。

・志望会社に関係する人と「縁故」がある場合

縁故を「血縁関係」とした場合，日本企業ではこのコネはかなり有効なところもある。ただし，血縁者が同じ会社にいるというのは不都合なことも多いので，どの企業も慎重。

1. 受付の様子

受付事務がテキパキとしていて，分かりやすいかどうか。社員の態度が親切で誠意が伝わってくるかどうか。

こういった受付の様子からでも，その会社の社員教育の程度や，新入社員採用に対する熱意とか期待を推し測ることができる。

2. 控え室の様子

控え室が2カ所以上あって，国立大学と私立大学の訪問者とが，別々に案内されているようなことはないか。また，面談の順番を意図的に変えているようなことはないか。これはよくある例で，すでに大半は内定しているということを意味する場合が多い。

3. 社内の雰囲気

社員の話し方，その内容を耳にはさむだけでも，社風が伝わってくる。

4. 面談の様子

何時間も待たせたあげくに，きわめて事務的に，しかも投げやりな質問しかしないような採用担当者である場合，この会社は人事が適正に行われていないということだから，一考したほうがよい。

参考 ▶ **説明会での質問項目**

・質問内容が抽象的でなく，具体性のあるものかどうか。

・質問内容は，現在の社会・経済・政治などの状況を踏まえた，
大学生らしい高度で専門性のあるものか。

・質問をするのはいいが，「それでは，あなたの意見はどうか」と
逆に聞かれたとき，自分なりの見解が述べられるものであるか。

提出書類を用意する

　提出する書類は6種類。①〜③が大学に申請する書類，④〜⑥が自分で書く書類だ。大学に申請する書類は一度に何枚も入手しておこう。

- ①「卒業見込証明書」
- ②「成績証明書」
- ③「健康診断書」
- ④「履歴書」
- ⑤「エントリーシート」
- ⑥「会社説明会アンケート」

■自分で書く書類は「自己PR」

　第1次面接に進めるか否かは「自分で書く書類」の出来にかかっている。「履歴書」と「エントリーシート」は会社説明会に行く前に準備しておくもの。「会社説明会アンケート」は説明会の際に書き，その場で提出する書類だ。

01 履歴書とエントリーシートの違い

　Webエントリーを受け付けている企業に資料請求をすると，資料と一緒に「エントリーシート」が送られてくるので，応募サイトのフォームやメールでエントリーシートを送付する。Webエントリーを行っていない企業には，ハガキやメールで資料請求をする必要があるが，「エントリーシート」は履歴書とは異なり，企業が設定した設問に対して回答するもの。すなわちこれが「1次試験」であり，これにパスをした人だけが会社説明会に呼ばれる。

■字はていねいに

字を書くところから，その企業に対する"本気度"は測られている。

■誤字，脱字は厳禁

使用するのは，黒のインク。

■修正液使用は不可

■数字は算用数字

■自分の広告を作るつもりで書く

自分はこういう人間であり，何がしたいかということを簡潔に書く。メリットになることだけで良い。自分に損になるようなことを書く必要はない。

■「やる気」を示す具体的なエピソードを

「私はやる気があります」「私は根気があります」という抽象的な表現だけではNG。それを示すエピソードのようなものを書かなくては意味がない。

Point

自己紹介欄の項目はすべて「自己PR」。自分はこういう人間であることを印象づけ，それがさらに企業への「志望動機」につながっていくような書き方をする。

---

column 履歴書やエントリーシートは，共通でもいい？

「履歴書」や「エントリーシート」は企業によって書き分ける。業種はもちろん，同じ業界の企業であっても求めている人材が違うからだ。各書類は提出前にコピーを取り，さらに出した企業名を忘れずに書いておくことも大切だ。

履歴書記入のPoint

写真	スナップ写真は不可。 スーツ着用で,胸から上の物を使用する。ポイントは「清潔感」。 氏名・大学名を裏書きしておく。
日付	郵送の場合は投函する日,持参する場合は持参日の日付を記入する。
生年月日	西暦は避ける。元号を省略せずに記入する。
氏名	戸籍上の漢字を使う。印鑑押印欄があれば忘れずに押す。
住所	フリガナ欄がカタカナであればカタカナで,平仮名であれば平仮名で記載する。
学歴	最初の行の中央部に「学□□歴」と2文字程度間隔を空けて,中学校卒業から大学(卒業・卒業見込み)まで記入する。 中途退学の場合は,理由を簡潔に記載する。留年は記入する必要はない。 職歴がなければ,最終学歴の一段下の行の右隅に,「以上」と記載する。
職歴	最終学歴の一段下の行の中央部に「職□□歴」と2文字程度間隔を空け記入する。 「株式会社」や「有限会社」など,所属部門を省略しないで記入する。 「同上」や「〃」で省略しない。 最終職歴の一段下の行の右隅に,「以上」と記載する。
資格・免許	4級以下は記載しない。学習中のものも記載して良い。 「普通自動車第一種運転免許」など,省略せずに記載する。
趣味・特技	具体的に(例:読書でもジャンルや好きな作家を)記入する。
志望理由	その企業の強みや良い所を見つけ出したうえで,「自分の得意な事」がどう活かせるかなどを考えぬいたものを記入する。
自己PR	応募企業の事業内容や職種にリンクするような,自分の経験やスキルなどを記入する。
本人希望欄	面接の連絡方法,希望職種・勤務地などを記入する。「特になし」や空白はNG。
家族構成	最初に世帯主を書き,次に配偶者,それから家族を祖父母,兄弟姉妹の順に。続柄は,本人から見た間柄。兄嫁は,義姉と書く。
健康状態	「良好」が一般的。

01 エントリーシートの目的

・応募者を，決められた採用予定者数に絞り込むこと

・面接時の資料にする

の2つ。

■知りたいのは職務遂行能力

　採用担当者が学生を見る場合は，「こいつは与えられた仕事をこなせるかどうか」という目で見ている。企業に必要とされているのは仕事をする能力なのだ。

> 質問に忠実に，"自分がいかにその会社の求める人材に当てはまるか"を
> 丁寧に答えること。

02 効果的なエントリーシートの書き方

■情報を伝える書き方

　課題をよく理解していることを相手に伝えるような気持ちで書く。

■文章力

　大切なのは全体のバランスが取れているか。書く前に，何をどれくらいの字数で収めるか計算しておく。

　「起承転結」でいえば，「起」は，文章を起こす導入部分。「承」は，起を受けて，その提起した問題に対して承認を求める部分。「転」は，自説を展開する部分。もっともオリジナリティが要求される。「結」は，最後の締めの結論部分。文章の構成・まとめる力で，総合的な能力が高いことをアピールする。

エントリーシートでよく取り上げられる題材と, その出題意図

エントリーシートで求められるものは,「自己PR」「志望動機」「将来どうなりたいか (目指すこと)」の3つに大別される。

1.「自己PR」

自己分析にしたがって作成していく。重要なのは,「なぜそうしようと思ったか？」「○○をした結果, 何が変わったのか？何を得たのか？」という"連続性"が分かるかどうかがポイント。

2.「志望動機」

自己PRと一貫性を保ち, 業界志望理由と企業志望理由を差別化して表現するように心がける。志望する業界の強みと弱み, 志望企業の強みと弱みの把握は基本。

3.「将来の展望」

どんな社員を目指すのか, 仕事へはどう臨もうと思っているか, 目標は何か, などが問われる。仕事内容を事前に把握しておくだけでなく, 5年後の自分, 10年後の自分など, 具体的な将来像を描いておくことが大切。

表現力, 理解力のチェックポイント

❑ 文法, 語法が正しいかどうか
❑ 論旨が論理的で一貫しているかどうか
❑ 1センテンスが簡潔かどうか
❑ 表現が統一されているかどうか (「です, ます」調か「だ, である」調か)

01 個人面接

●自由面接法

　面接官と受験者のキャラクターやその場の雰囲気，質問と応答の進行具合などによって雑談形式で自由に進められる。

●標準面接法

　自由面接法とは逆に，質問内容や評価の基準などがあらかじめ決まっている。実際には自由面接法と併用で，おおまかな質問事項や判定基準，評価ポイントを決めておき，質疑応答の内容上の制限を緩和しておくスタイルが一般的。1次面接などでは標準面接法をとり，2次以降で自由面接法をとる企業も多い。

●非指示面接法

　受験者に自由に発言してもらい，面接官は話題を引き出したりするときなど，最小限の質問をするという方法。

●圧迫面接法

　わざと受験者の精神状態を緊張させ，受験者がどのような応答をするかを観察し，判定する。受験者は，冷静に対応することが肝心。

02 集団面接

　面接の方法は個人面接と大差ないが，面接官がひとつの質問をして，受験者が順にそれに答えるという方法と，面接官が司会役になって，座談会のような形式で進める方法とがある。

　座談会のようなスタイルでの面接は，なるべく受験者全員が関心をもっているような話題を取りあげ，意見を述べさせるという方法。この際，司会役以外の面接官は一言も発言せず，判定・評価に専念する。

03 グループディスカッション

グループディスカッション（以下，GD）の時間は30〜60分程度，1グループの人数は5〜10人程度で，司会は面接官が行う場合や，時間を決めて学生が交替で行うことが多い。面接官は内容については特に指示することはなく，受験者がどのようにGDを進めるかを観察する。

評価のポイントは，全体的には理解力，表現力，指導性，積極性，協調性など，個別的には性格，知識，適性などが観察される。

GDの特色は，集団の中での個人ということで，受験者の能力がどの程度のものであるか，また，どのようなことに向いているかを判定できること。受験者は，グループの中における自分の位置を面接官に印象づけることが大切だ。

グループディスカッション方式の面接におけるチェックポイント

- ❑全体の中で適切な論点を提供できているかどうか。
- ❑問題解決に役立つ知識を持っているか，また提供できているかどうか。
- ❑もつれた議論を解きほぐし，的はずれの議論を元に引き戻す努力をしているかどうか。
- ❑グループ全体としての目標をいつも考えているかどうか。
- ❑感情的な対立や攻撃をしかけているようなことはないか。
- ❑他人の意見に耳を傾け，よい意見には賛意を表し，それを全体に推し広げようという寛大さがあるかどうか。
- ❑議論の流れを自然にリードするような主導性を持っているかどうか。
- ❑提出した意見が議論の進行に大きな影響を与えているかどうか。

04 面接時の注意点

●控え室

控え室には，指定された時間の15分前には入室しよう。そこで担当の係から，面接に際しての注意点や手順の説明が行われるので，疑問点は積極的に聞くようにし，心おきなく面接にのぞめるようにしておこう。会社によっては，所定のカードに必要事項を書き込ませたり，お互いに自己紹介をさせたりする場合もある。また，この控え室での行動も細かくチェックして，合否の資料にしている会社もある。

●入室・面接開始

　係員がドアの開閉をしてくれる場合もあるが，それ以外は軽くノックして入室し，必ずドアを閉める。そして入口近くで軽く一礼し，面接官か補助員の「どうぞ」という指示で正面の席に進み，ここで再び一礼をする。そして，学校名と氏名を名のって静かに着席する。着席時は，軽く椅子にかけるようにする。

●面接終了と退室

　面接の終了が告げられたら，椅子から立ち上がって一礼し，椅子をもとに戻して，面接官または係員の指示を受けて退室する。

　その際も，ドアの前で面接官のほうを向いて頭を下げ，静かにドアを開閉する。控え室に戻ったら，係員の指示を受けて退社する。

05 面接試験の評定基準

●協調性

　企業という「集団」では，他人との協調性が特に重視される。

　感情や態度が円満で調和がとれていること，極端に好悪の情が激しくなく，物事の見方や考え方が穏健で中立であることなど，職場での人間関係を円滑に進めていくことのできる人物かどうかが評価される。

●話し方

　外観印象的には，言語の明瞭さや応答の態度そのものがチェックされる。小さな声で自信のない発言，乱暴野卑な発言は減点になる。

　考えをまとめたら，言葉を選んで話すくらいの余裕をもって，真剣に応答しようとする姿勢が重視される。軽率な応答をしたり，まして発言に矛盾を指摘されるような事態は極力避け，もしそのような状況になりそうなときは，自分の非を認めてはっきりと謝るような態度を示すべき。

●好感度

　実社会においては，外観による第一印象が，人間関係や取引に大きく影響を及ぼす。

　「フレッシュな爽やかさ」に加え，入社志望など，自分の意思や希望をより明確にすることで，強い信念に裏づけられた姿勢をアピールできるよう努力したい。

●判断力

何を質問されているのか，何を答えようとしているのか，常に冷静に判断していく必要がある。

●表現力

話に筋道が通り理路整然としているか，言いたいことが簡潔に言えるか，話し方に抑揚があり聞く者に感銘を与えるか，用語が適切でボキャブラリーが豊富かどうか。

●積極性

活動意欲があり，研究心旺盛であること，進んで物事に取り組み，創造的に解決しようとする意欲が感じられること，話し方にファイトや情熱が感じられること，など。

●計画性

見通しをもって順序よく合理的に仕事をする性格かどうか，またその能力の有無。企業の将来性のなかに，自分の将来をどうかみ合わせていこうとしているか，現在の自分を出発点として，何を考え，どんな仕事をしたいのか。

●安定性

情緒の安定は，社会生活に欠くことのできない要素。自分自身をよく知っているか，他の人に流されない信念をもっているか。

●誠実性

自分に対して忠実であろうとしているか，物事に対してどれだけ誠実な考え方をしているか。

●社会性

企業は集団活動なので，自分の考えに固執したり，不平不満が多い性格は向かない。柔軟で適応性があるかどうか。

Point

清潔感や明朗さ，若々しさといった外観面も重視される。

06 面接試験の質問内容

1. 志望動機

受験先の概要や事業内容はしっかりと頭の中に入れておく。また，その企業の企業活動の社会的意義と，自分自身の志望動機との関連を明確にしておく。「安定している」「知名度がある」「将来性がある」といった利己的な動機，「自

分の性格に合っている」というような，あいまいな動機では説得力がない。安定性や将来性が，具体的にどのような企業努力によって支えられているのかという考察も必要だし，それに対する受験者自身の評価や共感なども問われる。

①どうしてその業種なのか

②どうしてその企業なのか

③どうしてその職種なのか

以上の①～③と，自分の性格や資質，専門などとの関連性を説明できるようにしておく。

自分がどうしてその会社を選んだのか，どこに大きな魅力を感じたのかを，できるだけ具体的に，情熱をもって語ることが重要。自分の長所と仕事の適性を結びつけてアピールし，仕事のやりがいや仕事に対する興味を述べるのもよい。

■複数の企業を受験していることは言ってもいい？

同じ職種，同じ業種で何社かかけもちしている場合，正直に答えてもかまわない。しかし，「第一志望はどこですか」というような質問に対して，正直に答えるべきかどうかというと，やはりこれは疑問がある。どんな会社でも，他社を第一志望にあげられれば，やはり愉快には思わない。

また，職種や業種の異なる会社をいくつか受験する場合も同様で，極端に性格の違う会社をあげれば，その矛盾を突かれるのは必至だ。

2. 仕事に対する意識・職業観

採用試験の段階では，次年度の配属予定が具体的に固まっていない会社もかなりある。具体的に職種や部署などを細分化して募集している場合は別だが，そうでない場合は，希望職種をあまり狭く限定しないほうが賢明。どの業界においても，採用後，新入社員には，研修としてその会社の各セクションをひと通り経験させる企業は珍しくない。そのうえで，具体的な配属計画を検討するのだ。

大切なことは，就職や職業というものを，自分自身の生き方の中にどう位置づけるか，また，自分の生活の中で仕事とはどういう役割を果たすのかを考えてみること。つまり自分の能力を活かしたい，社会に貢献したい，自分の存在価値を社会的に実現してみたい，ある分野で何か自分の力を試してみたい……，などの場合を考え，それを自分自身の人生観，志望職種や業種などとの関係を考えて組み立ててみる。自分の人生観をもとに，それを自分の言葉で表現できるようにすることが大切。

3. 自己紹介・自己PR

性格そのものを簡単に変えたり，欠点を克服したりすることは実際には難しいが，“仕方がない”という姿勢を見せることは禁物で，どんなささいなことでも，努力している面をアピールする。また一般的にいって，専門職を除けば，就職時になんらかの資格や技能を要求する企業は少ない。

　ただ，資格をもっていれば採用に有利とは限らないが，専門性を要する業種では考慮の対象とされるものもある。たとえば英検，簿記など。

　企業が学生に要求しているのは，4年間の勉学を重ねた学生が，どのように仕事に有用であるかということで，学生の知識や学問そのものを聞くのが目的ではない。あくまで，社会人予備軍としての謙虚さと素直さを失わないようにする。

　知識や学力よりも，その人の人間性，ビジネスマンとしての可能性を重視するからこそ，面接担当者は，学生生活全般について尋ねることで，書類だけでは分からない人間性を探ろうとする。

　何かうち込んだものや思い出に残る経験などは，その人の人間的な成長になんらかの作用を及ぼしているものだ。どんな経験であっても，そこから受けた印象や教訓などは，明確に答えられるようにしておきたい。

4. 一般常識・時事問題

　一般常識・時事問題については筆記試験の分野に属するが，面接でこうしたテーマがもち出されることも珍しくない。受験者がどれだけ社会問題に関心をもっているか，一般常識をもっているか，また物事の見方・考え方に偏りがないかなどを判定する。知識や教養だけではなく，一問一答の応答を通じて，その人の性格や適応能力まで判断されることになる。

07 面接に向けての事前準備

■面接試験1カ月前までには万全の準備をととのえる

●志望会社・職種の研究

　新聞の経済欄や経済雑誌などのほか，会社年鑑，株式情報など書物による研究をしたり，インターネットにあがっている企業情報や，検索によりさまざまな角度から調べる。すでにその会社へ就職している先輩や知人に会って知識を得たり，大学のキャリアセンターへ情報を求めるなどして総合的に判断する。

■専攻科目の知識・卒論のテーマなどの整理

大学時代にどれだけ勉強してきたか，専攻科目や卒論のテーマなどを整理しておく。

■時事問題に対する準備

毎日欠かさず新聞を読む。志望する企業の話題は，就職ノートに整理するなどもアリ。

面接当日の必需品

❏必要書類（履歴書，卒業見込証明書，成績証明書，健康診断書，推薦状）

❏学生証

❏就職ノート（志望企業ファイル）

❏印鑑，朱肉

❏筆記用具（万年筆，ボールペン，サインペン，シャープペンなど）

❏手帳，ノート

❏地図（訪問先までの交通機関などをチェックしておく）

❏現金（小銭も用意しておく）

❏腕時計（オーソドックスなデザインのもの）

❏ハンカチ，ティッシュペーパー

❏くし，鏡（女性は化粧品セット）

❏シューズクリーナー

❏ストッキング

❏折りたたみ傘（天気予報をチェックしておく）

❏携帯電話，充電器

■一般常識試験

社会人として企業活動を行ううえで最低限必要となる一般常識のほか，
英語，国語，社会(時事問題)，数学などの知識の程度を確認するもの。

　難易度はおおむね中学・高校の教科書レベル。一般常識の問題集を1冊やっ
ておけばよいが，業界によっては専門分野が出題されることもあるため，必ず
志望する企業のこれまでの試験内容は調べておく。

■一般常識試験の対策

・**英語**　慣れておくためにも，教科書を復習する，英字新聞を読むなど。

・**国語**　漢字，四字熟語，反対語，同音異義語，ことわざをチェック。

・**時事問題**　新聞や雑誌,テレビ,ネットニュースなどアンテナを張っておく。

■適性検査

　SPI（Synthetic Personality Inventory）試験（SPI3試験）とも呼ばれ，能力
テストと性格テストを合わせたもの。

　能力テストでは国語能力を測る「言語問題」と，数学能力を測る「非言語問題」
がある。言語的能力，知覚能力，数的能力のほか，思考・推理能力，記憶力，
注意力などの問題で構成されている。

　性格テストは「はい」か「いいえ」で答えていく。仕事上の適性と性格の傾向
などが一致しているかどうかをみる。

SPIは職務への適応性を客観的にみるためのもの。

01 「論文」と「作文」

　一般に「論文」はあるテーマについて自分の意見を述べ，その論証をする文章で，必ず意見の主張とその論証という2つの部分で構成される。問題提起と論旨の展開，そして結論を書く。

　「作文」は，一般的には感想文に近いテーマ，たとえば「私の興味」「将来の夢」といったものがある。

　就職試験では「論文」と「作文」を合わせた"論作文"とでもいうようなものが出題されることが多い。

　論作文試験とは，「文章による面接」。テーマに書き手がどういう態度を持っているかを知ることが，出題の主な目的だ。受験者の知識・教養・人生観・社会観・職業観，そして将来への希望などが，どのような思考を経て，どう表現されているかによって，企業にとって，必要な人物かどうかを判断している。

　論作文の場合には，書き手の社会的意識や考え方に加え，「感銘を与える」働きが要求される。就職活動とは，企業に対し「自分をアピールすること」だということを常に念頭に置いておきたい。

Point

論文と作文の違い

	論　文	作　文
テーマ	学術的・社会的・国際的なテーマ。時事，経済問題など	個人的・主観的なテーマ。人生観，職業観など
表現	自分の意見や主張を明確に述べる。	自分の感想を述べる。
展開	四段型（起承転結）の展開が多い。	三段型（はじめに・本文・結び）の展開が多い。
文体	「だ調・である調」のスタイルが多い。	「です調・ます調」のスタイルが多い。

・テーマ

与えられた課題（テーマ）を，受験者はどのように理解しているか。

出題されたテーマの意義をよく考え，それに対する自分の意見や感情が，十分に整理されているかどうか。

・表現力

課題について本人が感じたり，考えたりしたことを，文章で的確に表しているか。

・字・用語・その他

かなづかいや送りがなが合っているか，文中で引用されている格言やことわざの類が使用法を間違えていないか，さらに誤字・脱字に至るまで，文章の基本的な力が受験者の人柄ともからんで厳密に判定される。

・オリジナリティ

魅力がある文章とは，オリジナリティを率直に出すこと。自分の感情や意見を，自分の言葉で表現する。

・生活態度

文章は，書き手の人格や人柄を映し出す。平素の社会的関心や他人との協調性，趣味や読書傾向はどうであるかといった，受験者の日常における生き方，生活態度がみられる。

・字の上手・下手

できるだけ読みやすい字を書く努力をする。また，制限字数より文章が長くなって原稿用紙の上下や左右の空欄に書き足したりすることは避ける。消しゴムで消す場合にも，丁寧に。

いずれの場合でも，表面的な文章力を問うているのではなく，受験者の人柄のほうを重視している。

マナーチェックリスト

就活において企業の人事担当は，面接試験やOG／OB訪問，そして面接試験において，あなたのマナーや言葉遣いといった，「常識力」をチェックしている。現在の自分はどのくらい「常識力」が身についているかをチェックリストで振りかえり，何ができて，何ができていないかを明確にしたうえで，今後の取り組みに生かしていこう。

評価基準　5：大変良い　4：やや良い　3：どちらともいえない　2：やや悪い　1：悪い

	項　目	評　価	メ　モ
挨拶	明るい笑顔と声で挨拶をしているか		
	相手を見て挨拶をしているか		
	相手より先に挨拶をしているか		
	お辞儀を伴った挨拶をしているか		
	直接の応対者でなくても挨拶をしているか		
表情	笑顔で応対しているか		
	表情に私的感情がでていないか		
	話しかけやすい表情をしているか		
	相手の話は真剣な顔で聞いているか		
身だしなみ	前髪は目にかかっていないか		
	髪型は乱れていないか／長い髪はまとめているか		
	髭の剃り残しはないか／化粧は健康的か		
	服は汚れていないか／清潔に手入れされているか		
	機能的で職業・立場に相応しい服装をしているか		
	華美なアクセサリーはつけていないか		
	爪は伸びていないか		
	靴下の色は適当か／ストッキングの色は自然な肌色か		
	靴の手入れは行き届いているか		
	ポケットに物を詰めすぎていないか		

	項　目	評　価	メ　モ
言葉遣い	専門用語を使わず，相手にわかる言葉で話しているか		
	状況や相手に相応しい敬語を正しく使っているか		
	相手の聞き取りやすい音量・速度で話しているか		
	語尾まで丁寧に話しているか		
	気になる言葉癖はないか		
動作	物の授受は両手で丁寧に実施しているか		
	案内・指し示し動作は適切か		
	キビキビとした動作を心がけているか		
心構え	勤務時間・指定時間の5分前には準備が完了しているか		
	心身ともに健康管理をしているか		
	仕事とプライベートの切替えができているか		

☑ 常に自己点検をするクセをつけよう

「人を表情やしぐさ，身だしなみなどの見かけで判断してはいけない」と一般にいわれている。確かに，人の個性は見かけだけではなく，内面においても見いだされるもの。しかし，私たちは人を第一印象である程度決めてしまう傾向がある。それが面接試験など初対面の場合であればなおさらだ。したがって，チェックリストにあるような挨拶，表情，身だしなみ等に注意して面接試験に臨むことはとても重要だ。ただ，これらは面接試験前にちょっと対策したからといって身につくようなものではない。付け焼き刃的な対策をして面接試験に臨んでも，面接官はあっという間に見抜いてしまう。日頃からチェックリストにあるような項目を意識しながら行動することが大事であり，そうすることで，最初はぎこちない挨拶や表情等も，その人の個性に応じたすばらしい所作へ変わっていくことができるのだ。さっそく，本日から実行してみよう。

面接試験において，印象を決定づける表情はとても大事。
どのようにすれば感じのいい表情ができるのか，ポイントを確認していこう。

明るく,温和で
柔らかな表情をつくろう

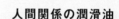

人間関係の潤滑油

表情に関しては，まずは豊かである
ということがベースになってくる。う
れしい表情，困った表情，驚いた表
情など，さまざまな気持ちを表現で
きるということが，人間関係を潤いの
あるものにしていく。

Point

　表情はコミュニケーションの大前提。相手に「いつでも話しかけてくださ
いね」という無言の言葉を発しているのが，就活に求められる表情だ。面接
官が安心してコミュニケーションをとろうと思ってくれる表情。それが，明
るく，温和で柔らかな表情となる。

いますぐデキる
カンタンTraining

Training 01

喜怒哀楽を表してみよう

- 人との出会いを楽しいと思うことが表情の基本
- 表情を豊かにする大前提は相手の気持ちに寄り添うこと
- 目元・口元だけでなく，眉の動きを意識することが大事

Training 02

表情筋のストレッチをしよう

- 表情筋は「ウイスキー」の発音によって鍛える
- 意識して毎日，取り組んでみよう
- 笑顔の共有によって相手との距離が縮まっていく

コミュニケーションは挨拶から始まり，その挨拶ひとつで印象は変わるもの。
ポイントを確認していこう。

丁寧にしっかりと
はっきり挨拶をしよう

人間関係の第一歩

挨拶は心を開いて，相手に近づくコミュニケーションの第一歩。たかが挨拶，されど挨拶の重要性をわきまえて，きちんとした挨拶をしよう。形，つまり"技"も大事だが，心をこめることが最も重要だ。

Point

　挨拶はコミュニケーションの第一歩。相手が挨拶するのを待っているのは望ましくない。挨拶の際のポイントは丁寧であることと，はっきり声に出すことの2つ。丁寧な挨拶は，相手を大事にして迎えている気持ちの表れとなる。はっきり声に出すことで，これもきちんと相手を迎えていることが伝わる。また，相手もその応答として挨拶してくれることで，会ってすぐに双方向のコミュニケーションが成立する。

いますぐデキる
カンタンTraining

Training **01**

３つのお辞儀をマスターしよう

① 会釈（15度）　　　② 敬礼（30度）　　　③ 最敬礼（45度）

・息を吸うことを意識してお辞儀をするとキレイな姿勢に
・目線は真下ではなく，床前方1.5m先ぐらいを見よう
・相手への敬意を忘れずに

Training **02**

対面時は言葉が先，お辞儀が後

・相手に体を向けて先に自ら挨拶をする
・挨拶時，相手とアイコンタクトを
　しっかり取ろう
・挨拶の後に，お辞儀をする。
　これを「語先後礼」という

コミュニケーションは「話す」よりも「聞く」ことといわれる。相手が話しやすい聞き方の，ポイントを確認しよう。

受容の立場で
傾聴しよう

相手の話を受けとめる

話を聞くときは，やや前に傾く姿勢をとる。表情と姿勢が合わさることにより，話し手の心が開き「あれも，これも話そう」という気持ちになっていく。また，「はい」と一度のお辞儀で頷くと相手の話を受け止めているというメッセージにつながる。

Point

　話をすること，話を聞いてもらうことは誰にとってもプレッシャーを伴うもの。そのため，「何でも話して良いんですよ」「何でも話を聞きますよ」「心配しなくて良いんですよ」という気持ちで聞くことが大切になる。その気持ちが聞く姿勢に表れれば，相手は安心して話してくれる。

いますぐデキる
カンタンTraining

Training 01
頷きは一度で

- 相手が話した後に「はい」と一言発する
- 頷きすぎは逆効果

Training 02
目線は自然に

- 鼻の付け根あたりを見ると自然な印象に
- 目を見つめすぎるのはNG

Training 03
話の句読点で視線を移す

- 視線は話している人を見ることが基本
- 複数の人の話を聞くときは句読点を意識し，視線を振り分けることで聞く姿勢を表す

伝わる話し方

自分の意思を相手に明確に伝えるためには，話し方が重要となる。はっきりと的確に話すためのポイントを確認しよう。

明るい発声を心がけよう

ボリュームを意識して

話すときのポイントとしては，ボリュームを意識することが挙げられる。会議室の一番奥にいる人に声が届くように意識することで，声のボリュームはコントロールされていく。

Point

コミュニケーションとは「伝達」すること。どのようなことも，適当に伝えるのではなく，伝えるべきことがきちんと相手に届くことが大切になる。そのためには，はっきりと，分かりやすく，丁寧に，心を込めて話すこと。言葉だけでなく，表情やジェスチャーを加えることも有効。

いますぐデキる
カンタンTraining

Training 01
腹式呼吸で発声練習

・「あえいうえおあお」と発声する
・腹式呼吸は，胸部をなるべく動かさずに，息を吸うときにお腹や腰が膨らむよう意識する呼吸法

Training 02
早口言葉にチャレンジ

おあやや
母親に
お謝り

・「おあやや，母親に，お謝り」と早口で
・口がすぼまった「お」と口が開いた「あ」の発音に，変化をつけられるかがポイント

Training 03
ジェスチャーを有効活用

・腰より上でジェスチャーをする
・体から離した位置に手をもっていく
・ジェスチャーをしたら戻すところをさだめておく

身だしなみ

身だしなみはその人自身を表すもの。身だしなみの基本について，ポイントを確認しよう。

清潔感,さわやかさを醸し出せるようにしよう

プロの企業人にふさわしい身だしなみを

信頼感，安心感をもたれる身だしなみを考えよう。TPOに合わせた服装は，すなわち"礼"を表している。そして，身だしなみには，「清潔感」,「品のよさ」,「控え目である」という，3つのポイントがある。

Point

相手との心理的な距離や物理的な距離が遠ければ，コミュニケーションは成立しにくくなる。見た目が不潔では誰も近付いてこない。身だしなみが清潔であること，爽やかであることは相手との距離を縮めることにも繋がる。

いますぐデキる
カンタンTraining

Training 01

髪型，服装を整えよう

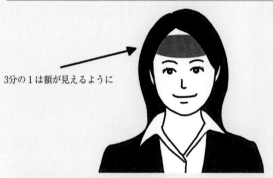

3分の1は額が見えるように

- 男性も女性も眉が見える髪型が望ましい。3分の1は額が見えるように。額は知性と清潔感を伝える場所。男性の髪の長さは耳や襟にかからないように
- スーツで相手の前に立つときは，ボタンはすべて留める。男性の場合は下のボタンは外す

Training 02

おしゃれとの違いを明確に

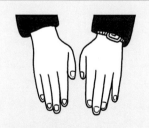

- 爪はできるだけ切りそろえる
- 爪の中の汚れにも注意
- ジェルネイル，ネイルアートはNG

Training 03

足元にも気を配って

- 女性の場合はパンプス，男性の場合は黒の紐靴が望ましい
- 靴はこまめに汚れを落とし見栄えよく

姿勢にはその人の意欲が反映される。前向き，活動的な姿勢を表すにはどうしたらよいか，ポイントを確認しよう。

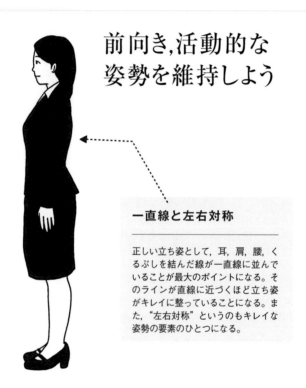

前向き,活動的な 姿勢を維持しよう

一直線と左右対称

正しい立ち姿として，耳，肩，腰，くるぶしを結んだ線が一直線に並んでいることが最大のポイントになる。そのラインが直線に近づくほど立ち姿がキレイに整っていることになる。また，"左右対称"というのもキレイな姿勢の要素のひとつになる。

Point

　姿勢は，身体と心の状態を反映するもの。そのため，良い姿勢でいることは，印象が清々しいだけでなく，健康で元気そうに見え，話しかけやすさにも繋がる。歩く姿勢，立つ姿勢，座る姿勢など，どの場面にも心身の健康状態が表れるもの。日頃から心身の健康状態に気を配り，フィジカルとメンタル両面の自己管理を心がけよう。

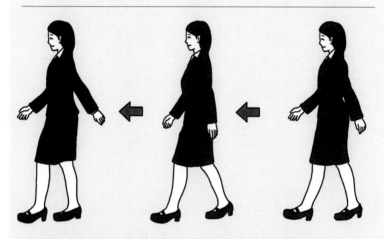

いますぐデキる
カンタンTraining

Training 01

キレイな歩き方を心がけよう

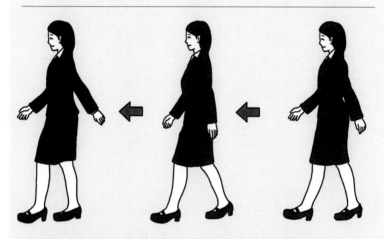

・女性は1本の線上を，男性はそれよりも太い線上を沿うように歩く
・一歩踏み出したときに前の足に体重を乗せるように，腰から動く
・12時の方向につま先をもっていく

Training 02

前向きな気持ちを持とう

・常に前向きな気持ちが姿勢を正す
・ポジティブ思考を心がけよう

言葉遣いの正しさはとは，場面にあった言葉を遣うということ。相手を気づかいながら，言葉を選ぶことで，より正しい言葉に近づいていく。

相手と場面に合わせた
ふさわしい言葉遣いを

次の文は接客の場面でよくある間違えやすい敬語です。
それぞれの言い方は〇×どちらでしょうか。

問1 「資料をご拝読いただきありがとうございます」

問2 「こちらのパンフレットはもういただかれましたか？」

問3 「恐れ入りますが，こちらの用紙にご記入してください」

問4 「申し訳ございませんが，来週，休ませていただきます」

問5 「先ほどの件，帰りましたら上司にご報告いたしますので」

Point

　ビジネスのシーンに敬語は欠くことができない。何度もやり取りをしていく中で，親しさの度合いによっては，あえてくだけた表現を用いることもあるが，「親しき仲にも礼儀あり」と言われるように，敬意や心づかいをおろそかにしてはいけないもの。相手に誤解されたり，相手の気分を壊すことのないように，相手や場面にふさわしい言葉遣いが大切になる。

問1 （×） ○正しい言い換え例

→「ご覧いただきありがとうございます」など

「拝読」は自分が「読む」意味の謙譲語なので，相手の行為に使うのは誤り。読むと見るは同義なため，多く，見るの尊敬語「ご覧になる」が用いられる。

問2 （×） ○正しい言い換え例

→「お持ちですか」「お渡ししましたでしょうか」 など

「いただく」は，食べる・飲む・もらうの謙譲語。「もらったかどうか」と聞きたいのだから，「おもらいになりましたか」と言えないこともないが，持っているかどうか，受け取ったかどうかという意味で「お持ちですか」などが使われることが多い。また，自分側が渡すような場合は，「お渡しする」を使って「お渡ししましたでしょうか」などの言い方に換えることもできる。

問3 （×） ○正しい言い換え例

→「恐れ入りますが，こちらの用紙にご記入ください」など

「ご記入する」の「お（ご）〜する」は謙譲語の形。相手の行為を謙譲語で表すことになるため誤り。「して」を取り除いて「ご記入ください」か，和語に言い換えて「お書きください」とする。ほかにも「お書き／ご記入・いただけますでしょうか・願います」などの表現もある。

問4 （△）

有給休暇を取る場合や，弔事等で休むような場面で，用いられることも多い。「休ませていただく」ということで一見丁寧に響くが，「来週休むと自分で休みを決めている」という勝手な表現にも受け取られかねない言葉だ。ここは同じ「させていただく」を用いても，相手の都合をうかがう言い方に換えて「○○がございまして，申し訳ございませんが，休みをいただいてもよろしいでしょうか」などの言い換えが好ましい。

問5 （×）○正しい言い換え例

→「上司に報告いたします」

「ご報告いたします」は，ソトの人との会話で使うとするならば誤り。「ご報告いたします」の「お・ご〜いたす」は，「お・ご〜する」と「〜いたす」という2つの敬語を含む言葉。そのうちの「お・ご〜する」は，主語である自分を低めて相手＝上司を高める働きをもつ表現（謙譲語Ⅰ）。一方「〜いたす」は，主語の私を低めて，話の聞き手に対して丁重に述べる働きをもつ表現（謙譲語Ⅱ　丁重語）。「お・ご〜する」も「〜いたす」も同じ謙譲語であるため紛らわしいが，主語を低める（謙譲）という働きは同じでも，行為の相手を高める働きがあるかないかという点に違いがあるといえる。

敬語は正しく使用することで，相手の印象を大きく変えることができる。尊敬語，謙譲語の区別をはっきりつけて，誤った用法で話すことのないように気をつけよう。

言葉の使い方が
マナーを表す!

■よく使われる尊敬語の形　「言う・話す・説明する」の例

専用の尊敬語型	おっしゃる
〜れる・〜られる型	言われる・話される・説明される
お（ご）〜になる型	お話しになる・ご説明になる
お（ご）〜なさる型	お話しなさる・ご説明なさる

■よく使われる謙譲語の形　「言う・話す・説明する」の例

専用の謙譲語型	申す・申し上げる
お（ご）〜する型	お話しする・ご説明する
お（ご）〜いたす型	お話しいたします・ご説明いたします

Point

　同じ尊敬語・謙譲語でも，よく使われる代表的な形がある。ここではその一例をあげてみた。敬語の使い方に迷ったときなどは，まずはこの形を思い出すことで，大抵の語はこの型にはめ込むことができる。同じ言葉を用いたほうがよりわかりやすいといえるので，同義に使われる「言う・話す・説明する」を例に考えてみよう。

　ほかにも「お話しくださる」や「お話しいただく」「お元気でいらっしゃる」などの形もあるが，まずは表の中の形を見直そう。

■よく使う動詞の尊敬語・謙譲語

なお，尊敬語の中の「言われる」などの「れる・られる」を付けた形は省力している。

基本	尊敬語（相手側）	謙譲語（自分側）
会う	お会いになる	お目にかかる・お会いする
言う	おっしゃる	申し上げる・申す
行く・来る	いらっしゃる おいでになる お見えになる お越しになる お出かけになる	伺う・参る お伺いする・参上する
いる	いらっしゃる・おいでになる	おる
思う	お思いになる	存じる
借りる	お借りになる	拝借する・お借りする
聞く	お聞きになる	拝聴する 拝聞する お伺いする・伺う お聞きする
知る	ご存じ（知っているという意で）	存じ上げる・存じる
する	なさる	いたす
食べる・飲む	召し上がる・お召し上がりになる お飲みになる	いただく・頂戴する
見る	ご覧になる	拝見する
読む	お読みになる	拝読する

「お伺いする」「お召し上がりになる」などは，「伺う」「召し上がる」自体が敬語なので
「二重敬語」ですが，慣習として定着しており間違いではないもの。

─Point─

　上記の「敬語表」は，よく使うと思われる動詞をそれぞれ尊敬語・謙譲語で表したもの。このように大体の言葉は型にあてはめることができる。言葉の中には「お（ご）」が付かないものもあるが，その場合でも「〜なさる」を使って，「スピーチなさる」や「運営なさる」などと言うことができる。また，表では，「言う」の尊敬語「言われる」の例は省いているが，れる・られる型の「言われる」よりも「おっしゃる」「お話しになる」「お話しなさる」などの言い方のほうが，より敬意も高く，言葉としても何となく響きが落ち着くといった印象を受けるものとなる。

会話は相手があってのこと。いかなる場合でも，相手に対する心くばりを忘れないことが，会話をスムーズに進めるためのコツになる。

心くばりを添えるひと言で
言葉の印象が変わる!

　相手に何かを頼んだり，また相手の依頼を断ったり，相手の抗議に対して反論したりする場面では，いきなり自分の意見や用件を切り出すのではなく，場面に合わせて心くばりを伝えるひと言を添えてから本題に移ると，響きがやわらかくなり，こちらの意向も伝えやすくなる。俗にこれは「クッション言葉」と呼ばれている。(右表参照)

Point

　ビジネスの場面で，相手と話したり手紙やメールを送る際には，何か依頼事があってという場合が多いもの。その場合に「ちょっとお願いなんですが…」では，ふだんの会話と変わりがないものになってしまう。そこを「突然のお願いで恐れ入りますが」「急にご無理を申しまして」「こちらの勝手で恐縮に存じますが」「折り入ってお願いしたいことがございまして」などの一言を添えることで，直接的なきつい感じが和らぐだけでなく，「申し訳ないのだけれど，もしもそうしていただくことができればありがたい」という，相手への配慮や願いの気持ちがより強まる。このような前置きの言葉もうまく用いて，言葉に心くばりを添えよう。

相手の意向を尋ねる場合	「よろしければ」「お差し支えなければ」 「ご都合がよろしければ」「もしお時間がありましたら」 「もしお嫌いでなければ」「ご興味がおありでしたら」
相手に面倒を かけてしまうような場合	「お手数をおかけしますが」 「ご面倒をおかけしますが」 「お手を煩わせまして恐縮ですが」 「お忙しい時に申し訳ございませんが」 「お時間を割いていただき申し訳ありませんが」 「貴重なお時間を頂戴し恐縮ですが」
自分の都合を 述べるような場合	「こちらの勝手で恐縮ですが」 「こちらの都合（ばかり）で申し訳ないのですが」 「私どもの都合ばかりを申しまして，まことに申し訳なく存じますが」 「ご無理を申し上げまして恐縮ですが」
急な話をもちかけた場合	「突然のお願いで恐れ入りますが」 「急にご無理を申しまして」 「もっと早くにご相談申し上げるべきところでございましたが」 「差し迫ってのことでまことに申し訳ございませんが」
何度もお願いする場合	「たびたびお手数をおかけしまして恐縮に存じますが」 「重ね重ね恐縮に存じますが」 「何度もお手を煩わせまして申し訳ございませんが」 「ご面倒をおかけしてばかりで，まことに申し訳ございませんが」
難しいお願いをする場合	「ご無理を承知でお願いしたいのですが」 「たいへん申し上げにくいのですが」 「折り入ってお願いしたいことがございまして」
あまり親しくない相手に お願いする場合	「ぶしつけなお願いで恐縮ですが」 「ぶしつけながら」 「まことに厚かましいお願いでございますが」
相手の提案・誘いを断る場合	「申し訳ございませんが」 「（まことに）残念ながら」 「せっかくのご依頼ではございますが」 「たいへん恐縮ですが」 「身に余るお言葉ですが」 「まことに失礼とは存じますが」 「たいへん心苦しいのですが」 「お引き受けしたいのはやまやまですが」
問い合わせの場合	「つかぬことをうかがいますが」 「突然のお尋ねで恐縮ですが」

ここでは文章の書き方における，一般的な敬称について言及している。はがき，手紙，メール等，通信手段はさまざま。それぞれの特性をふまえて有効活用しよう。

相手の気持ちになって
見やすく美しく書こう

■敬称のいろいろ

敬称	使う場面	例
様	職名・役職のない個人	（例）飯田知子様／ご担当者様／経理部長　佐藤一夫様
殿	職名・組織名・役職のある個人（公用文など）	（例）人事部長殿／教育委員会殿／田中四郎殿
先生	職名・役職のない個人	（例）松井裕子先生
御中	企業・団体・官公庁などの組織	（例）○○株式会社御中
各位	複数あてに同一文書を出すとき	（例）お客様各位／会員各位

Point

　　封筒・はがきの表書き・裏書きは縦書きが基本だが，洋封筒で親しい人にあてる場合は，横書きでも問題ない。いずれにせよ，定まった位置に，丁寧な文字でバランス良く，正確に記すことが大切。特に相手の住所や名前を乱雑な文字で書くのは，配達の際の間違いを引き起こすだけでなく，受け取る側に不快な思いをさせる。相手の気持ちになって，見やすく美しく書くよう心がけよう。

■各通信手段の長所と短所

	長所	短所	用途
封書	・封を開けなければ本人以外の目に触れることがない。 ・丁寧な印象を受ける。	・多量の資料・画像送付には不向き。 ・相手に届くまで時間がかかる。	・儀礼的な文書(礼状・わび状など) ・目上の人あての文書 ・重要な書類 ・他人に内容を読まれたくない文書
はがき・カード	・封書よりも気軽にやり取りできる。 ・年賀状や季節の便り,旅先からの連絡など絵はがきとしても楽しむことができる。	・封に入っていないため,第三者の目に触れることがある。 ・中身が見えるので,改まった礼状やわび状,こみ入った内容には不向き。 ・相手に届くまで時間がかかる。	・通知状　　　・案内状 ・送り状　　　・旅先からの便り ・各種お祝い　・お礼 ・季節の挨拶
FAX	・手書きの図やイラストを文章といっしょに送れる。 ・すぐに届く。 ・控えが手元に残る。	・多量の資料の送付には不向き。 ・事務的な用途で使われることが多く,改まった内容の文書,初対面の人へは不向き。	・地図,イラストの入った文書 ・印刷物(本・雑誌など)
電話	・急ぎの連絡に便利。 ・相手の反応をすぐに確認できる。 ・直接声が聞けるので,安心感がある。	・連絡できる時間帯が制限される。 ・長々としたこみ入った内容は伝えづらい。	・緊急の用件 ・確実に用件を伝えたいとき
メール	・瞬時に届く。　・控えが残る。 ・コストが安い。 ・大容量の資料や画像をデータで送ることができる。 ・一度に大勢の人に送ることができる。 ・相手の居場所や状況を気にせず送れる。	・事務的な印象を与えるので,改まった礼状やわび状には不向き。 ・パソコンや携帯電話を持っていない人には送れない。 ・ウィルスなどへの対応が必要。	・データで送りたいとき ・ビジネス上の連絡

Point

　はがきは手軽で便利だが,おわびやお願い,格式を重んじる手紙には不向きとなる。この種の手紙は内容もこみ入ったものとなり,加えて丁寧な文章で書かなければならないので,数行で済むことはまず考えられない。また,封筒に入っていないため,他人の目に触れるという難点もある。このように,はがきにも長所と短所があるため,使う場面や相手によって,他の通信手段と使い分けることが必要となる。

　はがき以外にも,封書・電話・FAX・メールなど,現代ではさまざまな通信手段がある。上に示したように,それぞれ長所と短所があるので,特徴を知って用途によって上手に使い分けよう。

　社会人のマナーとして，電話応対のスキルは必要不可欠。まずは失礼なく電話に出ることからはじめよう。積極性が重要だ。

相手の顔が見えない分
対応には細心の注意を

■電話をかける場合

---

① 　○○先生に電話をする

×「私，□□社の××と言いますが，○○様はおられますでしょうか？」

○「××と申しますが，○○様はいらっしゃいますか？」

「おられますか」は「おる」を謙譲語として使うため，通常は相手がいるかどうかに関しては，「いらっしゃる」を使うのが一般的。

---

② 　相手の状況を確かめる

×「こんにちは，××です，先日のですね…」

○「××です，先日は有り難うございました，今お時間よろしいでしょうか？」

　相手が忙しくないかどうか，状況を聞いてから話を始めるのがマナー。また，やむを得ず夜間や早朝，休日などに電話をかける際は，「夜分（朝早く）に申し訳ございません」「お休みのところ恐れ入ります」などのお詫びの言葉もひと言添えて話す。

---

③ 　相手が不在，何時ごろ戻るかを聞く場合

×「戻りは何時ごろですか？」

○「何時ごろお戻りになりますでしょうか？」

「戻り」はそのままの言い方，相手にはきちんと尊敬語を使う。

---

④ 　また自分からかけることを伝える

×「そうですか，ではまたかけますので」

○「それではまた後ほど（改めて）お電話させていただきます」

　戻る時間がわかる場合は，「またお戻りになりましたころにでも」「また午後にでも」などの表現もできる。

■電話を受ける場合

① 電話を取ったら

×「はい，もしもし，○○（社名）ですが」

○「はい，○○（社名）でございます」

② 相手の名前を聞いて

×「どうも，どうも」

○「いつもお世話になっております」

あいさつ言葉として定着している決まり文句ではあるが，日頃のお付き合いがあってこそ。あいさつ言葉もきちんと述べよう。「お世話様」という言葉も時折耳にするが，敬意が軽い言い方となる。適切な言葉を使い分けよう。

③ 相手が名乗らない

×「どなたですか？」「どちらさまですか？」

○「失礼ですが，お名前をうかがってもよろしいでしょうか？」

名乗るのが基本だが，尋ねる態度も失礼にならないように適切な応対を心がけよう。

④ 電話番号や住所を教えてほしいと言われた場合

×「はい，いいでしょうか？」　×「メモのご用意は？」

○「はい，申し上げます，よろしいでしょうか？」

「メモのご用意は？」は，一見親切なようにも聞こえるが，尋ねる相手も用意していることがほとんど。押し付けがましくならない程度に。

⑤ 上司への取次を頼まれた場合

×「はい，今代わります」　×「○○部長ですね，お待ちください」

○「部長の○○でございますね，ただいま代わりますので，少々お待ちくださいませ」

○○部長という表現は，相手側の言い方となる。自分側を述べる場合は，「部長の○○」「○○」が適切。

Point

自分から電話をかける場合は，まずは自分の会社名や氏名を名乗るのがマナー。たとえ目的の相手が直接出た場合でも，電話では相手の様子が見えないことがほとんど。自分の勝手な判断で話し始めるのではなく，相手の都合を伺い，そのうえで話を始めるのが社会人として必要な気配りとなる。

デキるオトナをアピール

時候の挨拶

月	漢語調の表現 候，みぎりなどを付けて用いられます	口語調の表現
1月 （睦月）	初春・新春・頌春・小寒・大寒・厳寒	皆様におかれましては，よき初春をお迎えのことと存じます／厳しい寒さが続いております／珍しく暖かな寒の入りとなりました／大寒という言葉通りの厳しい寒さでございます
2月 （如月）	春寒・余寒・残寒・立春・梅花・向春	立春とは名ばかりの寒さ厳しい毎日でございます／梅の花もちらほらとふくらみ始め，春の訪れを感じる今日この頃です／春の訪れが待ち遠しいのこのごろでございます
3月 （弥生）	早春・浅春・春寒・春分・春暖	寒さもようやくゆるみ，日ましに春めいてまいりました／ひと雨ごとに春めいてまいりました／日増しに暖かさが加わってまいりました
4月 （卯月）	春暖・陽春・桜花・桜花爛漫	桜花爛漫の季節を迎えました／春光うららかな好季節となりました／花冷えとでも申しましょうか，何だか肌寒い日が続いております
5月 （皐月）	新緑・薫風・惜春・晩春・立夏・若葉	風薫るさわやかな季節を迎えました／木々の緑が目にまぶしいようでございます／目に青葉，山ほととぎす，初鰹の句も思い出される季節となりました
6月 （水無月）	梅雨・向暑・初夏・薄暑・麦秋	初夏の風もさわやかな毎日でございます／梅雨前線が近づいてまいりました／梅雨の晴れ間にのぞく青空は，まさに夏を思わせるようです
7月 （文月）	盛夏・大暑・炎暑・酷暑・猛暑	梅雨が明けたとたん，うだるような暑さが続いております／長い梅雨も明け，いよいよ本格的な夏がやってまいりました／風鈴の音がわずかに涼を運んでくれているようです
8月 （葉月）	残暑・晩夏・処暑・秋暑	立秋とはほんとうに名ばかりの厳しい暑さの毎日です／残暑たえがたい毎日でございます／朝夕はいくらかしのぎやすくなってまいりました
9月 （長月）	初秋・新秋・爽秋・新涼・清涼	九月に入りましてもなお，日差しの強い毎日です／暑さもやっとおとろえはじめたようでございます／残暑も去り，ずいぶんとしのぎやすくなってまいりました
10月 （神無月）	清秋・錦秋・秋涼・秋冷・寒露	秋風もさわやかな過ごしやすい季節となりました／街路樹の葉も日ごとに色を増しております／紅葉の便りの聞かれるころとなりました／秋深く，日増しに冷気も加わってまいりました
11月 （霜月）	晩秋・暮秋・霜降・初霜・向寒	立冬を迎え，まさに冬到来を感じる寒さです／木枯らしの季節になりました／日ごとに冷気が増すようでございます／朝夕はひときわ冷え込むようになりました
12月 （師走）	寒冷・初冬・師走・歳晩	師走を迎え，何かと慌ただしい日々をお過ごしのことと存じます／年の瀬も押しつまり，何かとお忙しくお過ごしのことと存じます／今年も残すところわずかとなりました，お忙しい毎日とお察しいたします

シチュエーション別会話例

シチュエーション1　取引先との会話

「非常に素晴らしいお話で感心しました」→NG！

　「感心する」は相手の立派な行為や，優れた技量などに心を動かされるという意味。意味としては間違いではないが，目上の人に用いると，偉そうに聞こえかねない表現。「感動しました」などに言い換えるほうが好ましい。

シチュエーション2　子どもとの会話

「お母さんは，明日はいますか？」→NG！

　たとえ子どもとの会話でも，子どもの年齢によっては，ある程度の敬語を使うほうが好ましい。「明日はいらっしゃいますか」では，むずかしすぎると感じるならば，「お出かけですか」などと表現することもできる。

シチュエーション3　同僚との会話

「今，お暇ですか」→NG？

　同じ立場同士なので，暇に「お」が付いた形で「お暇」ぐらいでも構わないともいえるが，「暇」というのは，するべきことも何もない時間という意味。そのため「お暇ですか」では，あまりにも直接的になってしまう。その意味では「手が空いている」→「空いていらっしゃる」→「お手透き」などに言い換えることで，やわらかく敬意も含んだ表現になる。

シチュエーション4　上司との会話

「なるほどですね」→NG！

　「なるほど」とは，相手の言葉を受けて，自分も同意見であることを表すため，相手の言葉・意見を自分が評価するというニュアンスも含まれている。そのため自分が評価して述べているという偉そうな表現にもなりかねない。同じ同意ならば，頷き「おっしゃる通りです」などの言葉のほうが誤解なく伝わる。

就活スケジュールシート

■年間スケジュールシート

1月	2月	3月	4月	5月	6月
企業関連スケジュール					
自己の行動計画					

就職活動をすすめるうえで，当然重要になってくるのは，自己のスケジュール管理だ。企業の選考スケジュールを把握することも大切だが，自分のペースで進めることになる自己分析や業界・企業研究，面接試験のトレーニング等の計画を立てることも忘れてはいけない。スケジュールシートに「記入」する作業を通して，短期・長期の両方の面から就職試験を考えるきっかけにしよう。

7月	8月	9月	10月	11月	12月
企業関連スケジュール					
自己の行動計画					

●情報提供のお願い●

　就職活動研究会では，就職活動に関する情報を募集しています。

　エントリーシートやグループディスカッション，面接，筆記試験の内容等について情報をお寄せください。ご応募はメールアドレス（edit@kyodo-s.jp）へお願いいたします。お送りくださいました方々には薄謝をさしあげます。

　ご協力よろしくお願いいたします。

会社別就活ハンドブックシリーズ

本田技研工業の就活ハンドブック

編　者	就職活動研究会
発　行	令和 6 年 2 月 25 日
発行者	小貫輝雄
発行所	協同出版株式会社

〒 101 − 0054
東京都千代田区神田錦町 2 − 5
電話　03 − 3295 − 1341
振替　東京 00190 − 4 − 94061

印刷所　協同出版・POD 工場

落丁・乱丁はお取り替えいたします

●2025年度版●
会社別就活ハンドブックシリーズ

【全111点】

運　輸

東日本旅客鉄道の就活ハンドブック	小田急電鉄の就活ハンドブック
東海旅客鉄道の就活ハンドブック	阪急阪神 HD の就活ハンドブック
西日本旅客鉄道の就活ハンドブック	商船三井の就活ハンドブック
東京地下鉄の就活ハンドブック	日本郵船の就活ハンドブック

機　械

三菱重工業の就活ハンドブック	浜松ホトニクスの就活ハンドブック
川崎重工業の就活ハンドブック	村田製作所の就活ハンドブック
IHI の就活ハンドブック	クボタの就活ハンドブック
島津製作所の就活ハンドブック	

金　融

三菱 UFJ 銀行の就活ハンドブック	野村證券の就活ハンドブック
三菱 UFJ 信託銀行の就活ハンドブック	りそなグループの就活ハンドブック
みずほ FG の就活ハンドブック	ふくおか FG の就活ハンドブック
三井住友銀行の就活ハンドブック	日本政策投資銀行の就活ハンドブック
三井住友信託銀行の就活ハンドブック	

建設・不動産

三菱地所の就活ハンドブック	鹿島建設の就活ハンドブック
三井不動産の就活ハンドブック	大成建設の就活ハンドブック
積水ハウスの就活ハンドブック	清水建設の就活ハンドブック
大和ハウス工業の就活ハンドブック	

資源・素材

旭旭化成グループの就活ハンドブック	関西電力の就活ハンドブック
東レの就活ハンドブック	日本製鉄の就活ハンドブック
ワコールの就活ハンドブック	中部電力の就活ハンドブック

九州電力の就活ハンドブック

自動車

トヨタ自動車の就活ハンドブック

本田技研工業の就活ハンドブック

デンソーの就活ハンドブック

日産自動車の就活ハンドブック

商　社

三菱商事の就活ハンドブック

住友商事の就活ハンドブック

丸紅の就活ハンドブック

三井物産の就活ハンドブック

伊藤忠商事の就活ハンドブック

双日の就活ハンドブック

豊田通商の就活ハンドブック

情報通信・IT

NTT データの就活ハンドブック

NTT ドコモの就活ハンドブック

野村総合研究所の就活ハンドブック

日本電信電話の就活ハンドブック

KDDI の就活ハンドブック

ソフトバンクの就活ハンドブック

楽天の就活ハンドブック

mixi の就活ハンドブック

グリーの就活ハンドブック

サイバーエージェントの就活ハンドブック

LINE ヤフーの就活ハンドブック

SCSK の就活ハンドブック

富士ソフトの就活ハンドブック

日本オラクルの就活ハンドブック

GMO インターネットグループ

オービックの就活ハンドブック

DTS の就活ハンドブック

TIS の就活ハンドブック

食品・飲料

サントリー HD の就活ハンドブック

味の素の就活ハンドブック

キリン HD の就活ハンドブック

アサヒグループ HD の就活ハンドブック

日本たばこ産業 の就活ハンドブック

日清食品グループの就活ハンドブック

山崎製パンの就活ハンドブック

キユーピーの就活ハンドブック

生活用品

資生堂の就活ハンドブック

花王の就活ハンドブック

武田薬品工業の就活ハンドブック

▼会社別就活ハンドブックシリーズにつきましては，協同出版のホームページからもご注文ができます。詳細は下記のサイトでご確認下さい。

https://kyodo-s.jp/examination_company